体育场馆运营管理实务

（第二版）

霍建新　著

北京体育大学出版社

策划编辑 赵海宁
责任编辑 赵海宁
责任校对 田 露
版式设计 利宏博识

图书在版编目（CIP）数据

体育场馆运营管理实务 / 霍建新著. -- 2 版. -- 北京 : 北京体育大学出版社, 2024.1（2025.1 重印）
ISBN 978-7-5644-3951-4

Ⅰ. ①体… Ⅱ. ①霍… Ⅲ. ①体育场-运营管理-中国②体育馆-运营管理-中国 Ⅳ. ①G818

中国国家版本馆 CIP 数据核字（2023）第 234110 号

体育场馆运营管理实务（第二版）
TIYU CHANGGUAN YUNYING GUANLI SHIWU (DI-ER BAN)　　霍建新 著

出版发行: 北京体育大学出版社
地　　址: 北京市海淀区农大南路 1 号院 2 号楼 2 层办公 B-212
邮　　编: 100084
网　　址: http://cbs.bsu.edu.cn
发 行 部: 010-62989320
邮 购 部: 北京体育大学出版社读者服务部 010-62989432
印　　刷: 三河市龙大印装有限公司
开　　本: 787mm×1092mm　1/16
成品尺寸: 185mm×260mm
印　　张: 10.75
字　　数: 334 千字
版　　次: 2018 年 1 月第 1 版　2024 年 1 月第 2 版
印　　次: 2025 年 1 月第 2 次印刷
定　　价: 50.00 元

序

随着我国社会经济的快速发展，体育产业逐渐成为国民经济中的新兴产业，而体育场馆恰恰是体育产业发展的基石，起着举足轻重的作用。据第六次全国体育场地普查数据统计，到 2013 年底，我国体育场馆总量已达到 169.46 万个，体育场地总面积为 19.9 亿平方米，其中约 80% 以上体育场馆由政府投资建设。如何盘活、用好如此大量的国有资产是体育场馆发展的首要问题。

自 2014 年，国务院出台《关于加快发展体育产业促进体育消费的若干意见》，将全民健身上升为国家战略，体育渐渐成为国人生活的一部分，越来越多的人参与体育，体育场馆的重要性也慢慢凸显。然而，虽然体育场馆数量多，但是体育场馆资源尚未得到充分挖掘，出现有效供给不足、亏损闲置、运营模式单一、制度限制等诸多问题，与人民群众日益增长的健身需求存在较大矛盾。在这样的背景下，如何盘活这些体育场馆资源，缓解经营压力，发挥最大的社会效益，已是当务之急。面对体育场馆运营管理的世界性难题，我国体育场馆管理者知难而上，总结实践经验，积极探索体育场馆运营管理道路。本书的作者霍建新教授就是其中之一。

霍建新教授是中国体育场馆协会核心专家。他自 1988 年开始一直从事体育场馆运营、体育赛事管理的教学与学术研究，曾任北京大学生体育馆馆长、首都体育学院体育场馆管理中心主任等职务，先后参与、组织了第 11 届亚运会篮球比赛、第 21 届世界大学生运动会篮球比赛、北京奥运会六个项目的训练等五十余场大型国际、国内体育比赛。其中，2006 年策划、组织的世界斯诺克中国公开赛已成为北京品牌赛事。与此同时，霍教授还参与多项国家级文件的评定工作，如主持审定国家体育行业标准《体育场所服务质量管理通用要求》，参与起草《国家体育总局等八部委关于加强大型体育场馆运营管理改革创新　提高公共服务水平的意见》等。近年来，又应邀参与 2022 年北京冬奥会大道速滑馆“冰丝带”的概念设计评审、政府和社会资本合作（public-private partnership，PPP）项目评标和 2022 年杭州亚运会主体育中心体育馆 PPP 项目的评审工作。在学术方面，主持“北京奥运会赛后利用研究”等多项国家级、省部级课题。先后发表场馆管理方面学术论文几十篇，出版著作、教材十余部，包括《体育场馆经营与管理导论》《中国体育产业蓝皮书》《体育赛事的组织与管理》等。由此可见，霍教授不仅是我国体育场馆运营管理的先行者，还是体育场馆运营管理的实践者，具有丰富的理论与实践经验。

目前体育场馆类书籍较少，体育场馆的运营管理实务更是少之又少。霍教授撰写《体育场馆运营管理实务》一书，将其从事体育场馆行业近三十年、教学二十余年的实践经验总结编写，与大家分享。书中开篇直指体育场馆的核心，深入探讨了场馆营销技巧，如何承接赛事和如何规划大型活动运行流线，为场馆管理者运营提供了新思路；之后对场馆人员的配置、如何确保设施设备的正常运转、应在哪些方面做好服务工作、场馆运营成本的分析，以及面对风险未雨绸缪等诸多场馆实务做出了详细的解释，并针对体育场馆中的特殊群体——学校体育场馆，从多维思路论述了其运营之道；紧接着根据当前有关场馆的政策，对场馆管理者要知晓的法律法规，进行了一一解读；最后对建设“健康”体育场馆和未来智能体育场馆的打造做出了展望。

值得一提的是，霍教授用活泼的语言、鲜明的逻辑线条以及诸多案例，以接地气的口吻对场馆运营管理进行了生动描述。全书通俗易懂、深入浅出，使相关专业学生可以全面、系统地了解体育场馆的运营管理方式。同时，本书更可以作为体育场馆行业人员工作中十分有价值的参考书籍，特别是能够为管理者提供可借鉴的场馆运营管理实务。

相信本书的出版一定会对广大现有以及未来的场馆管理者有所启迪，并将本书运用到体育场馆运营管理实践中，促进我国体育场馆运营管理的发展。为国民提供健康、优质、舒适、智能的体育场馆，这也是我们体育场馆人为之奋斗的目标！

张立增

中国体育场馆协会理事长

2018 年 3 月

编者的话

转眼间，我已在体育场馆业界摸爬滚打三十五年。三十五年时光如白驹过隙，从体育馆的部门经理到体育馆的馆长，再到体育场馆管理中心的主任，从风华正茂到鬓染尘霜，我一直全身心地投入体育场馆运营管理事业。在担任北京大学生体育馆馆长期间，以场馆为平台，我先后参与、组织了五十余场大型国际、国内体育比赛，从中积累了许多场馆运营方面的实践经验，发现了诸多制约体育场馆业发展的问题，并引发了我的思考。也正是在这个原因的驱动下，我开始系统地阅读相关的文献资料、收集相关的数据，挖掘成功的原因，分析发生问题的根源，探索体育场馆运营管理的规律，寻求降低成本、提高效益和提升服务品质的路径。这就是我撰写本书的初衷，也是最主要的动力来源。现将运营管理体育场馆的具体操作经验与部分运营困境的解决之道编辑成册，与各位体育场馆界同人共同交流并探讨。之所以将本书定名为《体育场馆运营管理实务》，我认为务实是核心，这也是我在撰写本书的过程中贯穿始终的原则和试图体现的目标。我深知，体育场馆运营管理的首要任务是如何让体育场馆具有高服务品质，产生高知名度，如何利用媒体发酵提升宣传推广的效应，吸引越来越多的体育赛事。可喜的是，越来越多的大型活动落户自己管理的体育场馆，积攒的人气旺了，来的人多了，口碑好了，场馆的社会效益和经济效益自然也如芝麻开花般节节攀升。

在撰写本书的过程中，我也在不断地反思自己。记得20世纪80年代初期，中国的改革开放刚刚起步，当时的体育场馆业功能相对单一，招聘一个热爱体育的员工并经过短期培训后，就可以胜任日常工作了。如今，随着科技飞速发展，体育场馆的运营管理就复杂多了，如同一个“小社会”在运转，尤其是与高科技、经济社会、互联网等商业体的融合发展，对“场馆人”的职业能力提出了更高的要求。体育场馆从业者不仅仅需要通体育，还要懂经营、善管理、知法律！

我深刻地感受到，体育场馆的常规运营不仅需要人力、物力、设施设备维护、水电暖等各种成本支出，还需要在保持体育场馆的公益性质的同时，积极探寻体育场馆社会开放的最优模式，探索在满足群众健身需求的同时降低运营成本、降低收费标准的办法。

但是，我们也能明显地感受到，现实中的体育场馆在其运营管理中也有许多需要克服的困难、跨越的障碍。例如，目前的税收和能源费用已成为体育场馆公益性运营的沉重负担，甚至导致体育场馆无法正常开放，有的只能“关门了之”。我认为这与体育场馆建筑曾一味求大、求全，忽略体育场馆内在运营管理不无关系。就如同国际奥委会前主席雅克·罗格所说：“大家总想修建宏大而昂贵的建筑。但是，我们应该仔细考虑一下，能否把比赛场地修建得恰如其分，在赛后仍能使用。”高额运营维护费用对政府和体育场馆都是沉重的负担。“庞大”所带来的能源消耗也很大，实现体育场馆低能耗、高效率运行同样成了亟待解决的问题。

随着人民生活质量的提高，人们对服务的态度、服务的内容越来越重视。要想提高体育场馆效益，首要任务是做好服务工作。大到设施设备是否完善，小到服务人员是否热情周到，都影响着体育场馆的运营管理工作，用大家所熟知的话来说，就是“细节决定成败”。与此同时，安全风险是体育场馆运营的一张“晴雨表”，无论什么规模的体育场馆，都要遵循严格的安全规范条例。对于场馆方而言，最重要的当然就是要把这些文字上的制度落实到日常管理的方方面面。综观体育场馆发生的恶性事件，其实人为造成的事故的破坏性要远远大于一些自然因素所造成的事故。安全涉及的是比金钱更重要的生命，若因为场馆负责人的疏忽大意而造成生命的损失，想必这会成为其余生中挥之不去的梦魇。因此，我们唯有未雨绸缪，考虑并策划周全，方能确保场馆安全。

我深切地体会到，作为一名体育场馆的运营者或管理者，需要学习有关文件、管理规定的相关内容，认真领会其精神实质，不断地与自己的工作实践相结合，不仅要思考，更要在实践中去应用，还要在应用中不断反思与总结，不断探索发现管理运营的最佳路径和最佳模式。要做到这一点，首要问题就是紧跟相关政策的脉络，这是取得成功最为关键的环节。早在 2014 年，国务院常务会议部署加快发展体育产业，要求“盘活、用好现有体育设施”，积极推动公共体育设施向社会开放，在更好地服务群众的同时，提高自我运营能力。此外，国家也发布了一系列支持体育产业发展的文件，比如《国家体育总局等八部委关于加强大型体育场馆运营管理改革创新　提高公共服务水平的意见》《国务院关于加快发展体育产业促进体育消费的若干意见》《体育场馆运营管理办法》等，这些都让体育场馆管理者兴奋不已，深感“全民体育”的时代已经到来了。党的二十大以来，党中央也高度重视体育强国战略，提出一系列体育发展战略目标，提出了《“十四五”体育发展规划》，对体育改革发展进行了全面部署，围绕体育强国建设，力求推动“十四五”体育重点领域实现高质量发展。

习近平总书记始终强调体育运动的发展，将体育与国家发展、民族振兴紧密联系在一起，多次强调体育是实现中国梦的重要内容，“体育强则中国强，国运兴则体育兴”。同时《中共中央　国务院关于完整准确全面贯彻新发展理念做好碳达峰碳中和工作的意见》和《2030 年前碳达峰行动方案》这两项碳达峰、碳中和顶层设计文件相继出台，绿色发展已成为我国重要发展战略。体育场馆作为国家为广大人民群众社会提供体育公共服务的不可或缺的保障，理应积极践行绿色发展理念，注重在场馆建设到运行的全生命周期过程中，向绿色低碳场馆转型，做到可持续、绿色发展，最终实现低碳能源、低碳场馆的目标，走向绿色化与标准化道路。

近年来，体育场馆管理理论研究专家和体育经营管理者对体育场馆运营进行了较深入的研究和探讨，可喜可贺。而本书则是侧重于实务，认真梳理体育场馆“全生命周期”的几个重要支撑点，在阐述相关理论知识的同时，还引用了大量的实战案例，用细致、生动的语言进行了描述。同时，将“智能场馆”“健康场馆”“空间效益”“绿色场馆”等新论述及案例也融入其中，并且将我参与的几次大型国际、国内综合运动会运营方案，如承担训练任务和竞赛任务时的方案（框架），以拓展资料的形式呈现给读者，以期为此书增加些许“亮点”！

很欣赏著名作家契诃夫的一句话：“（人们）需要做的是，根据自己的力量，完成自己的使命。”我亦常以此自勉。作为一位可以说把毕生精力都献给了体育场馆事业的体育人，我深感自己应该再做点什么，“根据自己的力量，完成自己的使命”。“分享经验”是写这本书的初衷，内容难免还不够完全，依然真诚期待大家提出宝贵意见，权作抛砖引玉，以俟广大场馆同人共享高见。

2024 年元月

目　录

1　体育场馆营销技巧 …… 1
2　体育赛事的承接 …… 19
3　大型活动运行流线的规划 …… 32
4　体育场馆人力资源配置 …… 51
5　确保设施设备的正常运转 …… 70
6　服务于人，取之有道 …… 86
7　体育场馆运营成本分析 …… 97
8　未雨绸缪，方能安全 …… 104
9　多维思路下学校体育场馆运营之路 …… 116
10　管好体育场馆要“知”法律 …… 130
11　建“健康”体育场馆 …… 138
12　智能体育场馆的打造 …… 150

参考文献 …… 160

1　体育场馆营销技巧

案例导航

1.1　体育场馆营销的理想格局

在分析体育场馆营销之前，我们首先要清楚一些问题，包括：什么是体育场馆的营销？体育场馆营销包括哪些特性？体育场馆营销包括哪些内容？体育场馆为何需要营销？哪些体育场馆需要营销？这些场馆在经营管理等方面存在哪些问题？如何做好体育场馆营销？谁来做体育场馆的营销工作？未来一段时间内，体育场馆营销最终要实现的理想格局是什么样子？当然，本部分的核心更倾向对后面几个问题的解答。在一定程度上，解答好后面几个问题，可以帮助我们实现对体育场馆营销的全方位剖析，相信读者也能对体育场馆的营销有更深入的认识。

体育场馆营销的最终目的是通过各种不同的营销手段，提高体育场馆的知名度和美誉度，在社会上赢得良好的口碑和声誉。在体育场馆运营中，营销无处不在，如大型活动直播、转播时出现的有关体育场馆的字样、徽标或商标，播放结束后出现的鸣谢单位、合作单位，这些都需要我们有意识地关注。

体育场馆营销体现在硬件方面和软件方面，硬件即环境，软件即指体育场馆的服务。环境是呈现给顾客的最直观感受。首先，场馆内的空气质量达到国家规定的标准是最基本的要求；其次，场馆环境是否干净、整洁、无异味、无污染也是十分重要的，如果顾客来到场馆，闻到的是卫生间和更衣室的异味，顾客会认为，这个场馆连起码的卫生条件都不达标，服务更是无从谈起，那么他的评价必然是负面的。

体育场馆内的装饰、布置是否合理美观也很重要，如果网球场地的墙面颜色是花色或条纹，就会造成色彩杂乱，以致顾客在比赛中找不到飞行中的球位。因此，装饰、布置首先要满足运动项目的需求，在此基础上还要追求环境的美观性、艺术性，以提升体育场馆的档次和品位。

体育场馆营销不仅仅是以广告为主要形式进行宣传，更要渗透到日常管理服务中。热情、周到的服务会带给顾客良好的体验，如果顾客在健身过程中得到温馨的服务、积极的引导、有效的帮助，从进馆到运动结束都是在享受贵宾般的服务，他会将这种美好的体验有意或无意地传递到自己的朋友圈，起到“一传十、十传百”的效应，无形中扩大了体育场馆的影响力。

随着现代科技的发展，营销的途径和形式更加多样化，从传统纸媒到网络传播以及最近兴起的多媒体营销，都为体育场馆营销创造了更多的方式，更加立体化地建立了顾客与体育场馆间的联系。与此同时，要注意处理好与媒体、政府、社区、顾客等公众的关系，拓展各种渠道与他们沟通协调，以期吸引现有和潜在的顾客，从而满足顾客需求。无论何种营销模式，其最终目的都是在顾客的脑海里留下体育场馆的品牌印迹。

1.2 什么是体育场馆营销

对大多数人而言，市场营销是一个耳熟能详的概念。生活在高速发展的商品时代，市场营销给我们的生活带来了许多质的改变。体育场馆营销是一个随着社会发展而延伸并凸显出来的新概念。随着国内乃至国际对体育场馆管理这一世界性难题的持续关注，加之体育场馆营销又被称作是解决体育场馆管理难题的第一把金钥匙，因此，当下如何做好体育场馆的营销自然成为热点问题。

体育场馆营销理论上是从属于市场营销的一个分支，也是体育市场营销的具体内容之一。一般而言，体育场馆的营销管理，是把体育市场营销的产品限定在围绕体育场馆而产生的产品和服务上，运用市场营销学的基本原理和营销手段，利用体育教学、训练、竞赛、锻炼和体育娱乐等活动之外的建筑、场地、室外设施以及器材，根据市场的需要和所在地区的体育消费能力，开发体育场馆资源的市场活动。通俗来讲，就是以体育场馆为载体，借用市场的相关手段充分合理地利用体育场馆平台，最终实现体育场馆的收益。收益不仅仅限于经济方面，还可能是其他方面价值的实现。

1.3 体育场馆营销管理的特点

理论上，体育场馆营销只是体育市场营销的具体内容，因此它具有体育市场营销的一般特点。然而，体育场馆产品和市场具有不同于一般产品和市场的特性，故在营销活动中还应充分考虑其特殊性。由于体育场馆产品具有有形和无形两种形态，又具有实物和服务两种属性，还有公共产品特征，因而体育场馆营销的自身特点十分突出。

1.3.1 多元化投融资模式日趋突出

体育场馆市场的发展与社会的发展关系极为密切。在市场经济条件下，市场的主体和客体都发生了变化。体育场馆市场经营由单一的国有经济市场主体不断扩展，增加了混合经济市场主体、股份经济市场主体，大大提高了体育场馆市场营销的竞争力。从体育场馆的投融资和经营模式看，存在着事业单位企业化运作模式、建设—经营—转让（build-operate-transfer，BOT）模式、PPP 模式、委托经营管理模式等多种模式并存的经营方式。以北京 2008 年奥运会场馆投融资模式为例，就有 PPP 模式的国家体育场，海外华人捐款的国家游泳中心，BOT 模式的国家体育馆和奥林匹克水上公园，中央财政建设的北京射击馆和老山自行车馆，以及“财政补贴+自筹”的北京大学、北京科技大学等大学校园内的奥运场馆。

1.3.2 难以把握产品的质量标准

制定产品质量标准的主要目的是对产品的生产过程进行监控，确保产品生产完成后的质量能够符合验收标准，从而为顾客提供合格的产品。通常检测产品质量有相对应的测量指标，以可量化的指标检测结果衡量产品的等级或确定产品是否符合规定标准。产品生产过程可变因素多，顾客需求个体差异大，社会消费欲望的满足程度判断标准复杂，加之现阶段我国体育场馆市场不完善的大环境，制定符合我国国情的体育场馆质量标准难度就更大了。以 2012 年 6 月被拆除的沈阳绿岛体育中心为例，其使用年限不足十年，建成之初仅购买人工草坪一项就花费 100 多万美元。体育场四周设有包厢、伸缩看台及普通座椅，最多能容纳 3.3 万名观众，单就设施设备而言可谓豪华高档。由于地处郊区，同期又面临沈阳奥体中心、铁西体育场等大型体育场馆的竞争压力，场馆利润急剧下滑，经营不到十年就惨淡收场，最终沦为一座仓库。与此相对立的情况是我国人均体育场地拥有面积低，老百姓身边的体育设施尤其少。对于老百姓来说，他们最需要的是身边的、小型的、便民化的体育设施，而不是豪华高档的体育会所。部分地方政府与民众在体育设施建设上理念定位的差异，造成了大型体育场馆多而符合全民健身的小型体育场地少、老百姓无处健身的尴尬局面。不少城市花费巨资建设大型体育中心，却苦于没有“内容”没有“活动”，体育赛事资源不足；同时，这些豪华的体育场馆功能设施却不能满足普通市民的基本健身需求。因而很多大型体育场馆陷入经营困境也就不足为奇了。

1.4 体育场馆营销内容

正如前文所提，体育场馆营销是一个新兴的概念，关于体育场馆的营销策略内容有必要依照市场营销的相关理论，在此基础上进行嫁接、补充、完善、创新。

1.4.1 营销理论基础

（1）4P 理论：产品（product）、价格（price）、宣传（promotion）、渠道（place）。这个理论是在 20 世纪 60 年代由美国的营销学大师提出的。它强调影响企业利润最大的因素是产品、价格、宣传和渠道。企业首先通过市场调研发现客户需求，然后生产出产品满足客户的需求，然后根据产品的生产成本制定产品的价格，接着利用各种媒体形式对产品进行放大宣传，最后由渠道商将产品触达消费者。这四个因素决定了最后产品的销量，也就决定了公司的利润。

（2）7P 理论：在传统市场营销理论 4P 的基础上增加了三个“服务性的 P”，即人（people）、过程（process）、有形展示（physical evidence）。7P 理论主要针对服务营销，强调服务营销需要关注顾客的体验和满意度，注重服务的完整性和顾客的参与度。在 7P 理论中，人员、过程和有形展示成为服务营销的重要组成部分，它们分别代表了服务提供者的素质和服务质量、服务交付的流程和机制以及服务的有形证据。(图 1-1)

4P 理论 {产品、价格、宣传、渠道} ⟶ 7P 理论 {产品、价格、宣传、渠道、人、过程、有形展示}

图 1-1 4P 理论和 7P 理论

总体来说，4P 理论更注重宏观层面的市场营销策略，强调产品、价格、宣传和渠道等要素对销售的影响；7P 理论则更加注重微观层面的服务营销细节，强调人员、过程和有形展示等要素对顾客体验和满意度的影响。在实际的市场营销活动中，4P 理论和 7P 理论可以相互补充，帮助企业全面地理解市场需求和竞争状况，制订有效的营销策略。

体育场馆营销是市场营销范畴的分支，同样符合市场营销的一般特点。然而，由于体育场馆产品和市场具有不同于一般产品和市场的特性，营销活动中还应当考虑其特殊性。尤其是对大多数的体育场馆的营销而言，更多地是做体育场馆顾客等相关利益群体的营销。

下面，我们将首先从体育场馆营销人员策略的应用说起。

1.4.2 人员策略

当今市场经济处在一个高速发展的阶段，社会服务具有多样性，不同环境下，服务标准会因供给方或顾客的不同而有所变化，因此在营销中人的因素就变得更为重要，控制好人的因素就可以大幅度提高客户的满意度和品牌形象。做好体育场馆的营销，同样很有必要做好体育场馆人员的培训工作，以促进服务水平的提高，进而更好地协助实现体育场馆的营销战略。

1.4.2.1 人员管理

在服务营销组合中，处理好人的因素，要求场馆运营管理方必须根据服务特点和服务过程的需要，合理进行场馆内部人力资源组合，调配好一线队伍，提供良好、合理的工作平台。首先，场馆运营管理方应从人员数量合理配置的角度，对本组织内各工作岗位进行评估，以确保员工的饱和工作量，避免出现不必要的岗位及人员配置，合理节省场馆开支；其次，场馆运营管理方需要借助网络技术、管理系统、经营经验，辅助员工更好地利用现有资源创造效益，并建立长期的员工培训制度，提高员工工作效率和职业技能，从而节省企业的资源、降低不必要的人力成本投入；最后，场馆运营管理方要利用各种手段，激励全体员工提高工作效率和质量，引导消费需求，使场馆员工成为场馆的第一批“顾客”，然后再让其以理念的推销和高质量的服务赢得顾客的认同与共鸣，达到双赢的目的：获得员工的认同和热情，赢得顾客的青睐和市场。

（1）规范场馆员工行为。要提升一个员工的素养，首先是改变其理念，而后是改变其行为，这是场馆员工行为管理中很重要的方法。职业装的一个重要作用就是提醒——提醒员工现在是工作时间。无论下班时员工在干什么，上班时间一到，换上职业装，就能使员工马上意识到自己已经进入工作状态。如果场馆能够恰如其分地将职业装与员工的行为联系起来，穿职业装的过程就相当于一次“岗前会”。可以想象，穿着打扮邋遢、行为素质低下的员工即便工作在宽敞明亮的体育馆内，也会与周围环境格格不入。可见，若谈场馆形象，首在员工形象！体育场馆的运营管理同样如此。

（2）员工在服务中的作用。员工是场馆资本的重要组成部分，合理配置人力资源可以提高生产力，减少场馆成本支出，“以人为本”也是服务业公认的管理准则。对于体育场馆运营管理方而言，场馆员工就是场馆运营资本的一部分，每位员工能力不同，岗位不同，作用（贡献）不同，所产生的价值也就各不相同。一个素质高、技能强、能担当的员工在一定程度上可以弥补由于其他物质条件的不足让顾客产生的遗憾，而素质较差的场馆员工则不仅不能充分发挥场馆拥有的物质设施上的优势，还可能起负面作用，成为顾客拒绝再次消费场馆服务的主要原因。因此，在场馆服务营销过程中，必须要重视场馆人员的关键作用。对于体育场馆的健身产品，在为顾客提供同等服务设施和健身条件的同时，提高员工素质，改善员工服务面貌，会极大提高顾客满意度，促进消费。当然要做到这些有必要不定期地对员工专门进行集中的服务培训，还可以建立相应的服务管理制度、规范、标准等，其最终目的只为强化员工日常服务工作的规范意识。

（3）统一员工的制服。一般来讲，体育场馆作为一个运营"个体"，如同人一样，有其自身的形象。这些形象可能是体育场馆标新立异的外部造型设计，场馆内部舒适合理的健身环境，也可能是铺天盖地的广告。但作为一个经营性的体育场馆，最能随时随地体现其形象的，就是服务！首先是体育场馆员工的形象和言谈举止。场馆员工着装则是给人视觉感受的第一印象。因为首先与场馆顾客接触的前台接待是体育场馆运营管理的门面，他们的着装和言谈举止，很大程度上可以折射出该体育场馆的服务质量和水平。

（4）员工动力的激发。在公开、公正、公平的基础上，以物质激励和非物质激励等方法激发员工的热情，有些场馆经营管理方会制定专门的绩效管理制度，给予那些在场馆运营管理过程中有较多贡献的员工奖励。例如：提高基本工资收入；增加奖金报酬；增加一些日常福利待遇，如住房补助、津贴、社会保险、旅游等；利用各种机会将较优秀员工有选择地送到各级院校、培训中心学习或送国内外考察、进修，这些优秀员工通过深造具备一定能力后，及时给予其相应技术职称或公司的荣誉表彰；还可以与表现良好的员工多沟通和深交流，多多关怀员工的各方面情况，让员工时时感受到公司的人文关怀。总之，这些激励方法在员工感情上产生的效应是积极、强烈而持久的，对培养员工的工作动机具有极其显著的效果。

1.4.2.2 创造独特的场馆企业文化

职业装在企业形象识别系统（corporate identity system，CIS）中虽然属于视觉识别（visual identity，VI）的范畴，但是服装穿在人身上，也客观反映着员工的精神风貌和企业形象，这是其一。其二，风格各异的职业装在一定程度上代表着不同的场馆企业文化，比如强调稳健经营策略的企业多会选择深色调和保守的职业装，创新型企业则更倾向颜色和款式设计大胆的职业装。场馆员工的着装、一举一动就像一面镜子映射着场馆企业文化的核心要义。

1.4.2.3 提高场馆团队的凝聚力

人是最活跃的场馆资源，也是唯一一种可以自我调控生产效率的资源。一个场馆只有目标一致，万众一心，才能将场馆的人力资源效用发挥得淋漓尽致。因此，要想提高场馆效益，首先要提高员工凝聚力。当场馆的员工为自己的场馆而骄傲，感到场馆的利益与自己的利益息息相关的时候，自然而然场馆的向心力就加强了。

1.4.2.4 人员策略延伸

除研究场馆员工的成本价值外，人员策略还包括各种租赁商家、各种合作形式的俱乐部、开展各种赛事活动的相关群体、各种合作经销商、中介商等对顾客服务人员的利用和规范管理，这些人暂且可以归类为场馆“加盟商”工作人员。这些人员的行为表现，也是体育场馆服务产品的组成部分，这些人在顾客眼中同样是“形象代言人”的角色。因此，场馆需要对“加盟商”的一线从业人员进行与内部员工统一标准的培训、规范管理。如航空公司除了在自己的公司直销网点进行销售机票外，还利用机票销售代理商进行宣传和销售。为了达到服务和标准的统一，航空公司要求代理商的销售人员和咨询员必须按内部员工的标准进行着装、接待、解释和操作，以此统一形象，保证服务质量。对于体育场馆产品而言，应当加强健身产品的“加盟商”工作人员的素质和服务质量，做到所有相关人员工作质量水准相当。试想，假如小王在某体育中心内观赏一场非常精彩的美国男子职业篮球联赛（NBA）中国季前赛的商业比赛活动，在中场休息的时候，几个朋友感觉有些饥渴，小王主动提出为大家在场馆内部的餐饮店购买一些饮料和爆米花，但是，当他到达指定的售卖地点的时候，发现餐饮店的员工正在摆弄着自己的手机，未能看到小王的到来。当小王呼唤餐饮店服务员时，服务员显得十分不耐烦，言语间又有一些口角的出现，两人拳脚相向，大打出手，在周边顾客及时的制止下才得以平息事态。虽然事情平息了，但是在小王的心里，场馆原有的优良形象就会瞬间下降。虽说那家餐饮店员工不在场馆管辖下，但是倘若以后这里再有类似的活动，想必小王也要斟酌再三，而且他身边的朋友受到类似的影响肯定也会对场馆整体的管理和服务产生怀疑。一传十，十传百，这样一来，看似不值一提的“小事”既影响了场馆的声誉，也给场馆今后的发展蒙上一层“阴霾”。所以说，做好场馆“加盟商”工作人员的管理对场馆发展同样有着重要的作用。

1.4.3 营销流程

体育场馆营销流程是指体育场馆服务从产生到交付给顾客，直到场馆顾客完成消费离开场馆的过程。它是服务营销组合中一个主要因素，在顾客的意识形态当中，通常是把服务交付系统感知为服务的组成部分。在体育场馆服务产品的提供过程中，服务的满意度并不是依靠单独的环节而存在的。

营销流程其实很简单，就是让顾客全程都能省心、舒心、放心。试想，有一名体育场馆健身顾客，他的朋友周末约他一起去某体育馆打羽毛球，场地没有预订，让他帮忙预订两片场地，而他对该场馆的情况并不是很了解，只是偶尔途经该场馆。那么要想这个周末的羽毛球活动顺利地进行，他又应该如何安排呢？在这一过程中场馆方面需要注意哪些事项呢？

在“互联网+”这个大浪潮中，作为一个对社会开放的体育场馆，要有自己的网站，或者在网上发布本场馆的一些信息，例如，场馆坐落的位置、场馆出入口位置、周边交通出行路线、停车场位置等信息。这样一来，顾客便可以通过网络查询的方法收集到场馆的各种必要信息，也可提前通过电话的方式联系场馆服务台，了解场馆场地的出租情况，看是否还有空余场地，然后问询场地的收费价格，确定场地预订的时间段，再次问询确认场馆地址、收费开票具体位置等信息。这一过程中，场馆运营管理方的前台联系电话的接听人员服务态度、语言表达的水平、信息传达的清晰准确程度等听觉可以感受到的信息都将会影响该场馆顾客对于该场馆服务管理的第一印象。接下来，他会根据自己查询的路线信息，在预订场馆的当天提前一段时间赶赴体育馆。如若他是开车前往，他首先依照网上搜索的路线图或者导航软件指路，当到达体育场馆周边时，找停车位自然就成了一个问题。此时，场馆方就有必要为来场馆健身的顾客提供较为清晰的路牌指引，使他们在刚一到场馆门口时就知道如何找到自己要停车的位置，了解相应的收费规定。紧接着就是要借助体育场馆平面示意图指引来到前台位置，前台位置一般设有场馆相关规定的“水牌”，进入场地的指引、场馆内部各功能用房的分布，如更衣室、卫生间、休息室、盥洗室、力量房、理疗室等，此外，还有一些与场馆顾客息息相关的项目的具体方位，如附近出售食物或饮品的商店、运动装备售卖服务点、安全出口位置、消防栓及急救设备的安放位置、健身指导中心、公交地铁路线图、餐饮区域等，也有必要以类似的方式告知顾客。这样一来，当顾客在场馆活动的过程中，即使有一些疑问出现，也可以凭借这些导向牌、引导牌、平面图之类的标识轻易解决。有时一些指示牌不能第一时间被人们发觉，场馆方一般会在场馆内部或周边开设专门的服务咨询台，并安排馆内工作人员定期对馆内进行巡视，发现问题及时解决。这样的场馆活动过程才能称为“顾客至上”。

1.4.4 体育场馆有形展示

服务的有形展示，是指服务过程中能被顾客直接感知和提示服务信息的有形物质。美国服务营销专家指出，顾客看不见服务，但能看见服务环境、服务工具、服务设施、服务人员、服务信息资料、服务价目表、服务中的其他顾客等有形物质，这些有形物质就是顾客了解无形服务的线索。服务营销不仅将环境视为支持及反映服务产品质量的有力实证，而且将有形展示的内容由环境扩展至有助于生产服务和包装服务的一切实体产品和设施。若善于管理和利用这些有形展示，则可帮助顾客感受服务产品的特点以及提高享用服务时所获得的收益，有助于建立服务产品和服务场馆的形象，支持有关营销策略的推行；反之，则可能会把错误信息传达给顾客，影响顾客对产品的预期和判断，进而有损服务产品及场馆的形象。

正如前面示例所讲的，观众到达一个体育场馆以后，首先映入眼帘的就是现代化的服务设施设备，可供临时休息的沙发、座椅，大气而又明亮的场馆咨询大厅，设置合理的电子大屏幕或电视设备，文明礼貌的场馆接待服务人员，轻松愉快的背景音乐，井然有序的工作程序，清晰明了的场馆简介、规章等。这一系列组合展示让场馆顾客凭直觉就能够感受到其服务的舒适、服务的档次、服务的安全等，从而让人们体验到其服务的价值所在。

服务的无形性决定了顾客无法在体验服务之前来认识它、理解它。虽然顾客在购买服务之前，不能体验到消费服务的感觉，但消费现场的服务工具、设施设备、员工面貌、信息资料、环境气氛、价格清单却可以被顾客直接感受到，通过这种事前的感受，顾客可以初步判断出消费服务的质量，即有形证据提供了评价无形服务质量的线索，相当于顾客在试用服务。

有形展示可以从不同的角度做不同的分类。不同类型的有形展示对顾客的心理感知及其判断服务产品质量的过程有不同程度的影响。从构成要素上来划分，可以分为实体环境展示、信息沟通展示和价格展示。

1.4.4.1 实体环境展示

有形展示有三大实体因素：周围因素、设计因素和社会因素。

周围因素是指空气的清新度、气温、湿润度、光亮度、噪声、气氛、整洁度、环境的安全度等。这类要素通常被顾客认为是服务产品内涵的必要组成部分，它们的存在并不会使顾客格外地兴奋和惊喜，但如果没有这些因素或者这些因素达不到预期，顾客便会产生失望情绪，进而削弱顾客对服务的信心。这些因素的安全达标情况通过何种方式传达给顾客则成为场馆营销的工作艺术，现在一些经营管理较为完善的体育场馆的常规做法，就是通过一些体育场馆服务认证的方式展现给顾客，例如，申请加入一些场馆服务认证机构，将场馆内部的空气质量认证合格的相关证书、协议等文件装裱起来，悬挂于大多数顾客必经的通道，使场馆顾客在场馆活动前便对场馆的空气质量有了安全感；还要有诸如监测湿度、气温、照度等各种影响场馆环境因素的仪器设备，并将这些指标和达标范围以电子屏幕的方式展示给场馆顾客；此外，要保持场馆设施设备放置的规范程度、场馆周遭环境的安全程度，在合理的区域设置各种安全提示和安全警示，如安全出口、紧急逃生通道、消防设备、禁止攀爬栏杆、救生设备存放处标牌等。

设计因素是指有形产品的结构、造型、色彩、风格等美学因素和陈设、标识等功能因素，这类因素主要被用于完善服务产品的包装。例如，场馆的主题色调一定要与场馆开展的项目相符。例如，要避免出现羽毛球场馆的内饰及墙壁的主色调为白色，那样将给羽毛球健身顾客在打球过程中带来视觉上的干扰，进而影响场馆顾客对于场馆的服务管理的满意程度。

社会因素是指在服务场所内一切参与及影响服务产品生产的人，包括服务员工和其他出现于服务场所的人士，他们的行为都有可能影响顾客对服务质量的期望与认知。关于这一点，我们已经在前面关于体育场馆人员的营销部分中提到过，毕竟大多数体育场馆只是单一的经营服务的机构，许多场馆的相关业务都需要和其他行业及社会各界精心合作，在此基础上才能更好地运营管理。例如，体育场馆一般会选择将卫生保洁、体育设施设备的维护、环境绿化、举行大型活动时各种舞台的搭建等工作交由专业公司负责，在整个过程中，合作公司或机构员工的形象、行为都会对场馆的整体形象产生或好或坏的影响。

1.4.4.2 信息沟通展示

场馆的信息沟通是另一种服务展示的形式，这些来自场馆本身以及其他引人注意的沟通信息，通过多种媒体传播。从宣传广告到赞扬性的评论，从顾客口头传播到馆内的名称和标识，这些不同形式的信息沟通从不同角度传递着和服务有关的一切线索，影响着场馆的营销策略。

信息沟通展示的常用方法如下。

（1）服务有形化。让服务更加具体而不那么抽象，就是在信息交流过程中，强调与服务相联系的有形物，从而把与服务相联系的有形物推至信息沟通策略的前沿。场馆运营管理组织“会员回馈计划”的成功，正是运用了创造有形物这一技巧。例如，场馆专门为长期会员办理优惠或免费的“健身停车证”“通行证”，赠送场馆周边的康复理疗点的代金券，无偿供给新鲜的水果、茶水、饮料等多种有形服务，以求更好地回馈场馆顾客，使其作为场馆会员的优越感有所体现。

（2）信息有形化。信息有形化是鼓励顾客对场馆形象美誉的口头传播。如果顾客经常选错服务提供者，那么他就容易传播不好的口头信息，其他顾客也会据此作出取消在该馆消费的决定。因此，场馆运营管理方一定要做好场馆顾客的服务工作，这些满意顾客，就成了场馆的潜在“市场推广员”，一定程度上他们的推广效果较一般的市场推广手段要强上若干倍。这正如业内人士常说的那样：“做好服务就是最好的营销。”

1.4.4.3 价格展示

价格是市场营销组合中唯一能产生收入的因素，其他的因素都会引起成本增加。此外，价格之所以重要还有另一个原因：顾客把价格看作是服务产品的重要因素。价格能培养顾客对产品的信任，同样也能降低这种信任。价格可以提高人们的预期，也能降低预期。价格的高低成为顾客判断服务水平和质量的重要依据之一。场馆运营管理方要遵循场馆市场发展的一般规律，并依据顾客收入水平、场馆相关产品的成本因素、产品生命周期等影响因素来制定各场馆的定价策略，并将场馆收费价格结合相关优惠措施、会员办理措施、定价策略简介等场馆营销的有效信息以各种方式传递给场馆顾客。

1.5 体育场馆产品营销技巧

产品是指那些对顾客具有价值的，用于满足某种需求或欲望的实物和服务。体育场馆产品营销是以满足顾客需求来研究场馆产品和服务的，但是由于体育场馆在我国不单纯以商品形式存在，它还涉及社会公共产品甚至是政府特殊资源属性，因此，场馆产品的设计、开发、推广，不仅要满足顾客的需要，同时还要根据重要性不同，考虑政府、教育机构、体育团体、协会等组织的利益和需要。

1.5.1 价格策略

随着健康观念的传播和普及，市场经济形态逐步取代原有体育事业的管理形式，体育也由单一锻炼身体、身体教育演化发展为具有商业、传播、营销推广、美学意义上的多层次、复杂化需求的组合商品，从身体锻炼和训练的健身课程、指导培训到各类赛事的承办参赛，到体育赞助、体育中介市场的繁荣，各个环节无不渗透着体育市场的商品交易行为，其中，所有交易都遵守普遍的价格制定依据：①顾客收入水平。顾客收入的多少直接决定货币的投入量大小。收入高的顾客，可以有时间有能力去购买更多的产品；而收入低的顾客首先要投入生活最基本的消费，例如住房、食品、服装、交通、教育等，因而体育消费就会降低甚至被替代。涉及场馆市场的主要是全民健身消费，顾客收入水平决定着体育场馆市场产品的需求量以及需求层次。②体育场馆相关产品的成本因素。成本为体育场馆服务产品定价设置了下限。场馆管理人员劳务费用，场馆运营需要的水、电、气，场馆体育设施的折旧都成为设计场馆产品的定价因素。以深圳大学生运动会场馆为例：能耗和人工是场馆运行最大的成本，大运中心年整体维护费用约 6000 万元，其体育馆的灯光若开足 8 个小时，每天的电费就要 2 万元人民币，而体育场馆正式对外运营之前的转换期的维修改造费用也是巨额数字。

1.5.1.1 定价策略

（1）消费者细分。管理者应当清楚所面向的消费群体，这样才能有的放矢地进行“生产”，给服务产品设计合理的定价。了解消费群体，应当从消费群体划分和消费者价值承受能力入手，前者判断标准可以为性别、年龄、种族、职业、社会阶层等群体指标，后者需要体育场馆做详尽的市场调查。美国体育场馆市场营销的消费者分析方法包括人口统计学分析、消费心理学分析以及特殊服务对象分析等。人口统计学用来分析体育场馆消费者特征，涉及年龄、性别、种族、区域、收入水平等因素。

（2）确定价格目标。我国体育产业和发达国家具有显著的差异，无论是内容还是规模。针对体育产业中的重要组成部分——体育场馆业的价格目标，也要根据实际确定服务产品的长期价格目标和短期价格目标。长期价格目标能够保证体育场馆的良性循环，实现销售最大化。而短期价格目标通常是着眼目前经营状况，不考虑净利润最大化。销售增长最大化的定价目标适用于新落成的体育场馆，随着基本设施（建筑、设施、人员）已固定，不为增加消费者而承担更大的成本，这就使得销售额外门票（例如场地内座席）的做法特别流行。

1.5.1.2 定价方法

（1）随行就市法。随行就市定价法是以本行业的平均价格水平为标准的定价方法，又称流行水准定价法，它是竞争导向定价方法中广为流行的一种，其原则是使本企业产品的价格与竞争产品的平均价格保持一致。

体育场馆的产品如何实行随行就市定价呢？一般来讲，体育场馆经营管理方在完全竞争的市场结构条件下，难以凭借自己的实力在市场上获得绝对优势，为了避免因价格竞争导致损失，大多数场馆都采用随行就市定价法，即将本体育场馆的产品价格保持在与体育场馆供给市场平均价格相当的水平上，利用这样的价格设定方法可以获得平均回报。体育场馆服务产品的成本很难估计，竞争对手比较分散，难以得知对方的短期战略意图，所以如果场馆经营管理者希望得到一种公平的回报又不愿打乱市场现有正常秩序，随行就市是行之有效的方法。在竞争激烈而产品弹性较小或供需基本平衡的市场上，随行就市也是相对比较稳妥的一种定价方法。

此外，采用随行就市定价法，体育场馆组织就不必耗费额外的时间、财力、物力去全面了解消费者对不同价差的反应，短时间也不会引起价格波动。

（2）差别定价法。差别定价法是指体育场馆以两种或两种以上反映成本费用的比例差异的价格来销售一种产品或服务，即价格的不同并不是基于成本的不同，而是体育场馆为满足不同消费层次的要求而构建的价格结构。随行就市定价法是一种防御性的定价方法，它在避免价格竞争的同时，也抛弃了价格这一竞争的“利器”；差别定价法则反其道而行之，是一种进攻性的定价方法。

使用差别定价法进行服务产品定价时，一方面要求体育场馆经营管理者必须具备一定的实力，在某一项目或某一区域市场占有较大的市场份额或具有较强的行业影响力，消费者能够将体育场馆服务产品与体育场馆本身联系起来。另一方面，在服务产品质量大体相同的条件下实行场馆产品差别定价的作用是有限的，尤其对于定位为“高大上”形象的体育场馆，必须支付较大的广告宣传、社会公益活动的承接、媒体的宣传造势和优质配套服务设施设备引进、高端管理服务人员的引进与培养等方面的支出。因此，从长远来看，体育场馆经营管理者只有通过提高体育场馆服务产品的质量和水平，才能真正赢得运动消费者的信任，才能在行业竞争中立于不败之地。

差别定价法有以下几种形式。

①顾客细分定价。体育场馆把同一种服务按照不同的价格卖给不同的顾客。当前，公共体育场馆在我国体育场馆总量中占很大比例。公共体育场馆的一项重要使命就是服务好全民健身事业，做好全民健身的公共事业是一项造福全社会的系统工程。鉴于此，部分体育场馆在产品定价的过程中会将顾客进行分类，最常见的就是将体育场馆消费者分为普通消费者、学生消费者、老年人消费者、残障人士消费者及其他各类优抚消费者。如果一片羽毛球场地的租赁价格对于普通消费者而言是70元/时，对于学生、老年人、残障人士可

以定价为35元/时，甚至更少。总之，要根据顾客的情况有区别地定价，这样才能有的放矢，吸引更多的场馆消费者参与场馆健身活动，同时做到社会效益和经济效益的双丰收。当然，部分体育场馆还可以根据顾客身份不同推出“学生卡”“老年卡”“积分卡”“会员卡”等针对不同消费者群体的健身产品（图1-2）。综合来讲，对于消费者细分的程度越深入，消费者的定价越精确，消费者的满意度自然会得到大幅度的提升，场馆的利用率随之逐步提升，场馆的价值也会得到充分的利用。

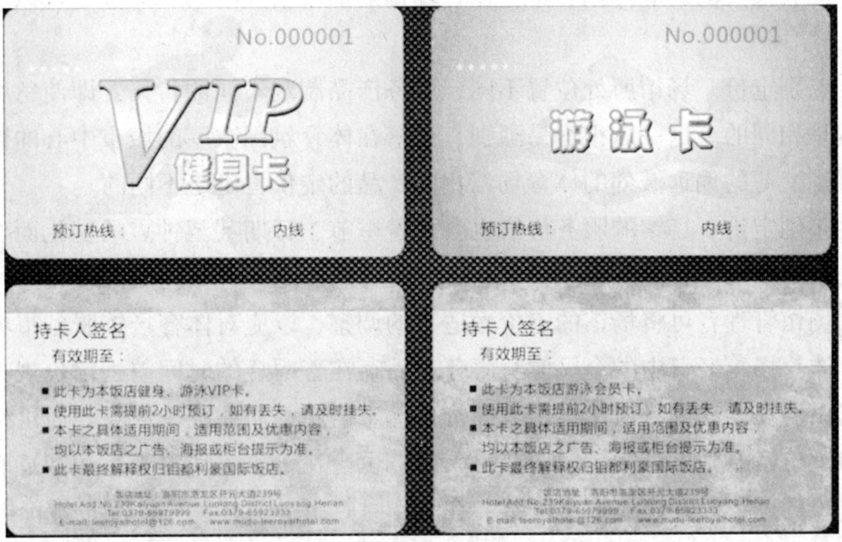

图1-2 不同类型的健身卡

②产品形式差别定价。体育场馆按服务产品的不同式样制定不同的价格，但不同式样的产品其价格之间的差额和成本之间的差额是不成比例的。例如，一块室外的水泥材质的篮球场地和一块室内木质地板篮球场地，它们的成本会相同吗？很明显，室内木质地板篮球场地的成本较室外水泥材质的篮球场地要高很多。因此，同样是提供人们参与篮球健身的场地，租赁时的价格会明显不同，如果室外水泥材质篮球场的场租是200元/时，则室内木质地板篮球场的价格可以定位在600元/时左右，具体的价位还要对体育场馆进行成本核算，要对场馆运营所处的阶段、所在地区消费市场环境、场馆机构发展定位等多方面的因素进行集中整合考量后再做决定。这样的定价法就属于体育场馆产品形式差别定价法。这是较为普遍的定价方法，是完全符合经济学中产品成本价格规律的定价方法。

③形象差别定价。根据形象差别对同一产品制定不同的价格。体育场馆的形象差别与以下三方面要素有很大的关联，即体育场馆的环境、体育场馆的功能、体育场馆的结构技术设计。体育场馆的环境一般是指体育场馆内外部环境连带其周边环境情况，一般可以概括为体育场馆内外部的场地设施设备的清洁度、室内空气质量的达标程度、周边环境的绿

化程度、空气质量等指标。体育场馆的功能更不难理解，场馆的功能设计越高端，成本相应就越高，定价也就随之升高。目前可以举行大型体育赛事的场馆，在场馆功能用房的配备上都是十分齐全的，一般有贵宾室、运动员更衣室、裁判休息室、仲裁室、药检室、媒体工作室等赛事必备的配套用房，这样的形象在直觉上给人以专业、高端的感觉。体育场馆是技术与艺术的综合体，这在国内外知名体育场馆外观构造上就可以很直观地发现，如鸟巢、水立方、东方体育中心、深圳大运中心等场馆。总的来讲，体育场馆的形象差别对场馆的定价也有很大的影响作用，毕竟体育场馆的形象给人的第一印象是可以直观感受到的外形。

④地点差别定价。场馆所处位置不同，服务产品制定不同的价格，即使每个位置服务产品的成本是相同的。这一点很容易甄别，坐落在体育氛围浓厚的城市中心的体育场馆和位于体育氛围淡薄的偏远城郊的体育场馆相同产品的定价肯定是不同的。

⑤时间差别定价。场馆的服务价格也会随着季节、日期甚至钟点的变化而变化。体育场馆市场也会有淡旺季，闲忙时段，早、午、晚时间段之分，不同时间段场馆顾客的需求程度不同，场馆管理者可将场馆的定价做适当的调整，以应对体育场馆服务市场的不断发展。例如，体育场馆经营中的全民健身服务产品存在着明显的时间差别定价规律。一般而言，体育场馆会在运动健身淡季推出大幅价格优惠措施，而在旺季恢复普通价格，甚至在销售旺季出现价格略微上浮的情况；在一天中，也会在上班时间内为运动健身服务产品打折，而在下班的闲暇时间恢复正常价格；在工作日打折，而休息日恢复正常价格。

1.5.2 促销技巧

当代市场营销不仅要求场馆提供满足消费者需要的服务产品，制定有吸引力的价格，使服务产品易于为目标顾客所接受，而且要求场馆塑造并控制其在公众中的形象，设计并传播产品及产品给目标顾客带来的利益等各方面的信息，即进行促销活动。相比常规企业产品的促销策略，体育场馆产品的促销策略常常不能得到有效的应用。

一般来讲，促销策略是指企业如何通过人员推销、广告、公共关系和营业推广等各种促销方式，向消费者或用户传递产品信息，引起他们的注意和兴趣，激发他们的购买欲望，增加他们的购买行为，以达到扩大销售的目的。那么体育场馆产品在促销过程中应当如何有效地利用好各种促销方式呢？

人员的推销一般是指推销员和顾客面对面地进行推销，体育场馆产品的推销一般离不开以下几类人群的助力。

（1）场馆的领导及在职员工。

（2）场馆健身会员及各类健身消费者。

（3）涉及场馆行业的知名人物、行业领袖和精英。

（4）场馆合作组织人员。

(5) 各种培训机构人员及其培训的学员、家长。

当然，还有一部分推销是非人员的推销。场馆运营管理者可以借助大众传播媒介向潜在的顾客传递场馆信息，例如，借助网络、电视等媒体手段，在直播体育赛事的过程中，加大对体育场馆的宣传，增加体育场馆的影响力。常见的例子就是在直播体育赛事和播报体育赛事新闻的过程中，可以与媒体商议将体育场馆的名称在视频的镜头里单独罗列出来，或者在部分时间段插播体育场馆的外景，解说员介绍比赛的过程中体育场馆的名字一次次地被播报出来也十分有效（这些做法已经逐渐开始被一些电视媒体所采用)，这对于体育场馆产品今后的推销有很大的帮助。此外，体育场馆的内部资讯、简介、名片、俱乐部会员资讯、赠品、日历、相关刊物、陈列品、展销品、摄影图片、视频等多种媒介物品都可以起到有效宣传推销场馆的作用。

某大学所属场馆中心在体育场馆产品的营销中，采取了灵活多样的促销政策，如体育场馆在淡季或非营业高峰时间开辟专门场地对弱势群体、社区居民免费开放；体育场馆也可以派遣有专业知识的工作人员为普通群众提供健身咨询和指导服务；免费体验活动也是一项有力的促销措施。此外，一些面向社会、面对公众的体育公益活动也是通过公关活动提高场馆美誉度，从而达到促销效果的重要措施。

1.5.3 分销渠道选择

渠道意为体育场馆产品及服务的销售路线，体育场馆产品及服务被循环利用的流通路线。其一般泛指体育场馆将精心运营、打造的体育场馆产品，通过多种方式不断输送给那些体育场馆的需要者或消费者群体，目的即为实现体育场馆的良性运营管理目标。美国市场营销学权威菲利普·科特勒将其定义为“营销渠道是指某种货物或劳务从生产者向消费者移动时，取得这种货物或劳务所有权或帮助转移其所有权的所有企业或个人”。可以说，体育场馆营销渠道就是体育场馆服务产品从体育场馆方向消费方转移的具体通道或路径。

体育产业发达的西方国家具有多元而完备的体育场馆分销渠道，体育中介机构的体育场馆冠名权开发方案详尽而完善，可以使赞助商通过冠名赞助真的有所得，而不仅是把企业名字放在了体育场馆之上——因为冠名赞助方案的细节十分重要，其中包含了赞助商能从冠名行为中得到怎样的权益，这种投资能给当地经济做出什么贡献等。例如，美国的AEG（Anschutz Entertainment Group）公司代理了丰田体育中心、史泰博体育中心、家得宝体育中心等知名体育场馆的冠名权交易，代理商从最初的市场调查到最终成功冠名，获得了可观收益。可见，中介机构的专业化操作为美国大型体育场馆冠名权开发的发展提供了有力的渠道保证。

近些年来最新的营销方式是，体育场馆可以借助开通官方网站、官方微博、官方微信公众号等信息交流平台做宣传造势，通过官方网站及一些信息交流平台发布场馆的动态，尤其是大部分体育场馆消费者关注的体育场馆场地、用房及相应体育设施设备的预订、出租、打折优惠、时间安排等重要信息，要及时地通过网络传递给消费者。

此外，还有场馆组织的相关比赛或者各种联谊会，也要尽可能多地邀请场馆贵宾、会员等多种类型消费者的积极参与，在微信上建立各种项目活动的官方群，供大家沟通交流。还可以借助电商的经营方式，实行网购场馆租赁权，诸如时下流行的网站，不仅可以预订酒店宾馆，体育场馆的预订也完全可以纳入其中。现在一部分城市正在具体尝试应用类似的创新模式开展体育场馆的营销。

在美国，许多大型体育场馆都非常注重网络营销，大多数都建有独立的营销网站，借助互联网平台向消费者及时发布场馆信息、商业信息和广告宣传，这样不仅大大降低了成本，而且高效地满足了消费者需求。互联网营销还具有传统营销所不能比拟的优势，例如能够将产品说明、促销、顾客意见调查、广告、公共关系、顾客服务等各项营销活动通过文字、声音、图片及视讯等手段有机整合在一起，进行一对一的沟通，实现了整合营销所追求的综合效果。正因为互联网营销具备诸多的优点，它一出现便对传统营销方式产生了强大的冲击，因此，若期望体育场馆持续发展，就必须重新审视营销活动的各个方面，包括广告宣传、销售策略、合同签订、货物发运、付款方式以及售后服务等，还应考虑将营销战略的重点转移到互联网上。

1.6 体育场馆主要营销手段

1.6.1 媒体营销

1.6.1.1 社会化媒体营销

目前在多数企业的营销战略中，社会化媒体营销还没有上升到与主流媒体营销相同的地位，更多的是充当了辅助的角色。对于体育场馆业而言更是如此，社会化媒体营销工具的使用范围仅限在一些经营管理经验稍丰富的体育场馆机构，且使用程度也不高，这些为数不多的场馆机构也仅是追随潮流或者模仿竞争对手，开通了官方微信、微博或者社交网站的官方账号，并没有整合构建自己的场馆社会化媒体营销平台。当然，成功的社会化媒体营销不能局限于单一的社会化媒体平台，要想扩大场馆品牌社会化的影响力，必须对多种社会化媒体进行整合，形成立体的传播渠道。对于场馆方而言，需要在调研的基础上，找准细分市场，对受众进行精准定位，利用自身有效的传播平台尽可能将潜在消费者转变为体育场馆长期的客户。

与传统媒体相比较，社会化媒体最大的优势在于它的传播方式是双向型、扩散型的。在社会化媒体营销过程中，场馆运营管理机构不能停滞在传统营销的思维中，单一直白地向受众传达场馆的产品和服务的信息，而要调动受众主动参与的热情，让场馆消费者成为品牌信息传播的主体，引发受众创造内容，形成 UGC 模式（用户将自己原创的内容通过互联网平台进行展示或者提供给其他用户)。成功的社会化媒体营销都是利用了这一特性，即实现了“场馆—受众、受众—受众、受众—场馆”的信息传播形式。因此，想要真正通过社会化媒体营销为场馆带来收益、实现价值，吸取新经验、学习新思维、了解新技术，整合社会化媒体营销策略、制定社会化媒体营销整合方案，是至关重要的。

场馆的社会化媒体营销模式主要包含场馆、平台、受众、传播四大要素。首先，场馆机构通过对目标市场和受众人群的分析，了解每一个媒介平台的场馆用户群特质（如用户年龄、用户行为、用户购买习惯、用户消费能力等），选择出一个或多个与自身产品和服务相吻合的场馆媒介平台，并将场馆社会化媒体平台进行整合，达到在精准定位的基础上目标受众范围的最大化；继而，在场馆社会化媒体的平台上，通过场馆机构的信息传播，实现体育场馆产品和服务信息的二次传播和多次传播，达到人人分享的目的，促使信息传播覆盖率的最大化；最后，在场馆社会化媒体营销模式中，场馆运营管理方和场馆社会化媒体传播信息的受众应是平等的关系：在基于场馆服务产品和信息沟通的营销活动中，场馆将产品和服务信息传达给受众，受众可以通过场馆社会化媒体参与其中，接受场馆社会化媒体传播的信息并对其做出反馈评价，与场馆运营管理者进行交流沟通，当然相应的奖励机制是不可或缺的。在这样的环节中，场馆社会化媒体传播信息的受众不仅仅是信息的接受者，同时也是信息的传播者，两者既互相对立，又高度统一。这样，最终在场馆社会化媒体的平台上形成了传播力极强的关系营销的传播效果。

在某种程度上，体育场馆的社会化媒体营销模式可以说是一种互动的模式，互动也是社会化媒体营销的核心理念。场馆所有社会化媒体营销策略与方式都应该从互动这一核心理念出发，让消费者切身感受到场馆的品牌文化和服务产品价值，从情感上获得更多消费者对场馆管理水平和服务质量的认同。

1.6.1.2 主流媒体营销

一般来讲，主流媒体是指那些覆盖面广、品牌性强、影响力大的强势媒体，在国内而言，如中央广播电视总台、全国各省（区、市）电视台、全国各地有影响力的报业集团旗下的市场化的报纸等，一般具有较大发行量或较高收听、收视率，影响受众群较广泛。对于体育场馆机构而言，借助这些主流媒体营销的效果自然是很突出的，但是最终的收效并不一定十分理想。通常借助这些主流媒体营销体育场馆的成本是比较昂贵的。当然，对于体育场馆而言，并不是完全不可以借助主流媒体营销。对于体育场馆而言，与之相关的主流媒体，包括电视台，各种体育项目的主流报纸杂志，腾讯体育、新浪体育等以体育为主题的新媒体等。现在部分体育场馆在举办一些大型赛事活动时会招揽部分主流体育媒体进行报道，届时，体育场馆运营管理者就可以通过一些公关活动与这些媒体沟通协商，签订相应的协议，促使这些媒体通过各种方式加大场馆的曝光率。常见的方法有：在视频转播过程中将体育场馆名称安插在直播屏幕的左上角或其他位置，增加体育场馆画面播放频率、特写镜头，增设致谢，增加解说员对体育场馆的讲解次数，在各大报纸上刊登体育场馆内外部的实物照片或相应的场馆说明介绍等。

1.6.2 节事活动营销

“节事”一词是由英文“event”翻译而来，具有“事件、节庆、活动”等多方面的含义。国内一般理解的现代节事活动是有主题的公共庆典或精心策划和举办的某个特定的仪式、演讲、表演或庆典，包括国庆日、重大的市民活动、独特的文化演出、重要的体育比赛、社团活动、贸易促销和产品推介等。同时，节事活动有一个重要的特性是具有地域性，是在某一地域开展具有当地特色的活动，有些节事活动已经成为该地域的名片。此外，由于大多数的节事活动的规模较大，参与人员的数量较多，需要一些较为专业的配套设施设备和较为专业的服务管理团队。从下面一些节事活动与场馆的关联可以看出，许多节事活动纷纷选择了落户在一些大型的体育场馆，这些大型节事活动成功筹办的过程也对体育场馆的营销起到了极大的助推作用（表 1-1）。

表 1-1 场馆重要节事活动表

场馆名称	重要节事活动	场馆俗称
国家体育场	2008 年北京奥运会开闭幕式	鸟巢
五棵松体育中心	NBA 中国赛北京站比赛	五棵松
北京工人体育场	中国足球超级联赛国安主场比赛	工体
北京国家会议中心	中国北京国际贸易交易会	国家会议中心
北京大学生体育馆	世界斯诺克中国公开赛	大体馆
广州天河体育场	中国足球超级联赛广州恒大主场比赛	天河体育场
	广州恒大亚洲俱乐部冠军决赛之战	

应用案例

2 体育赛事的承接

案例导航

2.1 承办组织大型体育赛事及大型演艺活动

成功承办组织大型体育赛事，是每一个体育场馆的愿望和理想目标。成功的赛事可以给城市、地区、单位带来社会效益和一定的经济效益，赛事本身可以成为城市“亮丽的名片”。体育场馆不仅可以承办组织体育赛事，还可以承办非常丰富的大型文艺活动。例如，“鸟巢”“水立方”“五棵松”等场馆每年都会承办许多场文艺演出、演唱会等活动。

2.1.1 评估体育场馆的整体运营能力

2.1.1.1 硬件设施

体育场馆的设施设备保持正常运转，是体育场馆日常维护管理的重要工作。如果取得了重要赛事的承办权，那么该馆硬件设施设备的正常使用就显得格外重要，确保赛事活动中不出现任何的事故、故障，就是场馆运营的首要任务了。反复认真细致地检查、测试是此时的核心工作内容，发现问题及时补救，尽快找到解决问题的具体方案，以保障体育赛事的正常、顺畅进行。

（1）座位数量与安排。座位多少是需要考虑的内容，北京大型体育赛事（包括文艺演出）按照公安部门的要求需预留 15%的防涨场的票数，其中一部分是治安保障票，这些座位是要留给安保人员的。所以，承办赛事预估票务收入时，不能将体育场馆的所有座位数都算进去，要先剔除防涨票、安保票等票数。主席台一般安排在长边一侧的看台，媒体记者安排在主席台的一侧，摄影记者可以安排在体育赛事允许的范围内不影响比赛的位置。

（2）场地内的灯光照度。灯光照度就是场地空间被照亮的程度，其表示单位为勒。1勒等于 1 流明的光通量被均匀洒落于 1 平方米面积上的光照度。照度均以垂直面所接受的光通量为标准，如果所照射的是倾斜面，则其照度下降。照度均匀度反映的是比赛场地明暗对比的均匀性。随着比赛活动级别的增高，对灯光照度的要求也越来越高（图 2-1）。

图 2-1 运动场地专业照明设备

（3）电力负荷。大型体育赛事的用电量较大，一旦线路出现问题，就是无法挽回的责任事故。要做好预防。负荷电缆要留有足够的余量，防止电流过大后发热，导致停电事故。要合理规划供电的等级，以防外线突然停电。观众疏散照明要优先考虑。音响系统、比赛（如斯诺克、拳击等项目）专用灯光要独立供电，以防出现市电故障而导致赛事中断的事故。大型活动现场需要配备有经验的高压、低压的电工技术人员以应对突发性情况，如断电后的快速切换电源等。

（4）场馆空间温度。冷冻机房、分机盘管系统、冷却塔、空调机和新风机组成了场馆的制冷系统。拥有良好的制冷、制热设备是体育赛事正常运营的前提。体育场馆的空间温度若有问题会使其失去继续承办大型体育赛事的机会。

应用案例

（5）计时记分系统（图 2-2）。体育场馆在举办大型体育比赛时，必须有固定电子计时记分牌（大型体育馆可采用吊屏），屏幕上要显示比赛时的比分和竞赛信息，如比赛队名及成绩，还有影像、文字、图形（logo）等。重大体育比赛时还要增设一块视频显示屏，显示活动图像。电子计时记分牌在满足不同大型活动技术要求的同时，也必须满足各体育单项组织竞赛的规定。显示方式可依据场内外光环境、比赛场地大小、与观众的视距和场馆场地视野等因素进行选择。如果经常举行国际比赛的场应采用固定式电子计时记分显示装置。计时记分显示装置负荷等级应为该工程的最高级，计时记分控制室与各相关竞赛计分点位，如总裁判席、电子计时记分牌（机房）、计算机房和分散场地的计时记分装置之间，必须有相互连通的信号传输管道。如大型田径比赛时，必须采用电子计时系统。该系统在起跑处设电子发令装置，在终点处设置终点摄影摄像装置。终点摄影摄像的要求为：在跑道终点内侧设置 1 台摄影机的露天机台；外侧设置两台摄影机的室内机房。

图 2-2　计时记分设备

（6）馆内荷载能力。体育场馆的顶部都有一定的承受极限，一些体育比赛和大型演艺活动需要悬挂部分灯光、广告等物品，应根据体育场馆自身建造时间的长短考虑能否悬挂，必要时可联系该建筑的设计单位，请他们到现场实地勘察测算馆顶框架的承受力，控制在可悬挂的重量之下，避免悬挂的物品超重导致重大事故的发生。

（7）功能用房。体育场馆内拥有的赛时功能用房及附属用房，应尽可能设计成未来可转换调整的物理空间，以满足未来大型活动的临时需求，否则将限制体育场馆未来的发展。例如，可将体育场馆的附属用房——健身厅临时改作比赛项目热身馆、运动员小餐厅，也可将健身厅临时用作新闻媒体及部分赛事管理使用的区域等。功能上实现更加合理的配置，做到赛事和平时两不误，充分利用了体育场馆的有限空间，为实现体育场馆良性运营奠定了良好的基础。

（8）观众疏散通道。确保体育场馆内各区域的通道畅通，是维护体育赛事正常运转的基础，不能在任何通道中堆放任何杂物。因为大型体育赛事运行中紧急情况时有发生，要从三个方面考虑其应对方法：首先，要了解体育场馆内部结构，主要包括建筑结构、通道和出口设置方位、比赛活动在建筑中的具体位置、比赛活动区域的通道设置等。其次，关注参加体育比赛活动人员的自身特点，主要包括人员组成、安全素养、对周围环境的熟悉程度等。最后，熟悉可能发生哪些紧急情况及其应对方法，主要包括可能发生的地点、严重程度和时间。了解这些可以有效应对，一旦出现险情，能够迅速组织观众逃生并撤离体育场馆（图 2-3）。

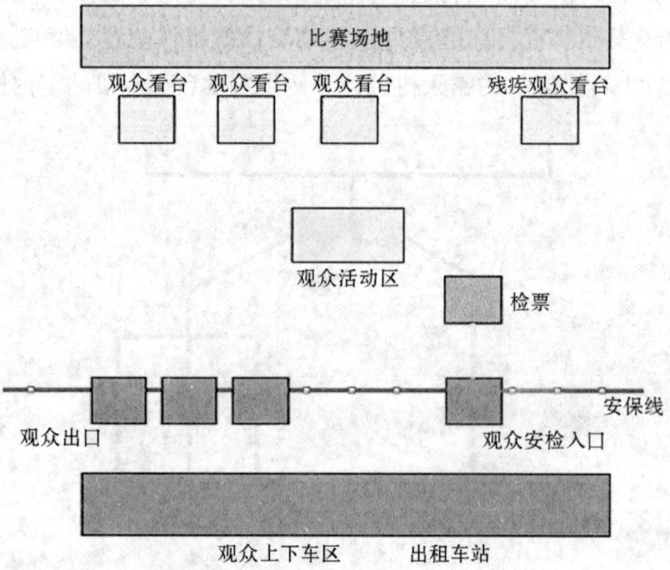

图 2-3 体育场馆疏散路线示意图

2.1.1.2 软件（组织运营）因素

（1）员工应拥有良好的服务意识。服务意识不是一朝一夕能够养成的，要坚持不懈地对员工进行培训，并与各工种的职业培训相结合，从而提高服务意识，在一次次的体育赛事中，将服务知识运用到实践中，逐步养成规范的服务意识；建立规范服务，并让员工知道这是作为一个场馆服务人员应该遵守的。可从如下几方面做起。

①各种从业资格证书：持证上岗是体育场馆对每个岗位的必然要求。从学历、技能再到身体健康程度都需要有相应的证件，没有证书，就无法保证每个工作的科学性、合

理性。

②服务技能：了解工作的流程及规定。知晓所经营商品的种类、优缺点、价格、使用方法。服务时要讲普通话，而且表达要清晰、流畅。某些重要岗位还应具备一定外语口语能力。

③仪容仪表：精神饱满，仪表端庄，举止大方得体。着装规范统一，要佩戴胸卡。其胸卡内容（单位名称、标识、部门、工号）齐全，便于识别。工作人员妆容修饰、佩戴饰品应符合服务行业规范要求。

④营业纪律：在工作岗位不做与工作无关的事，如禁止扎堆闲聊、串岗、玩网络游戏等现象。不因着急下班、商品盘点等原因催促顾客、怠慢顾客。

⑤服务用语：规范使用文明服务用语，语气亲切、和蔼、真诚。

⑥接待服务：顾客进入场馆服务区域，要大方得体，微笑相迎，主动招呼，准确及时地为顾客提供所需的场馆服务。真诚礼貌待客，做到真诚、适度、有效。在销售体育场馆的商品时，顾客买与不买一个样，商品多少一个样，热情向顾客介绍商品、服务的品种、价格、性能、特点、使用、保养、质量保证、售后服务等要素，为来体育场馆健身顾客当好参谋。

⑦收银付货：实行集中收银的，营业员或服务员应指引顾客到收银台或网上付款，要如实规范开具购物凭证、发票。掌握支票、各类信用卡、网上支付的结算方法，顾客购物付款后，及时善意提醒顾客带好随身物品。

（2）要有良好的人力储备。常规人力储备主要涉及以下几个方面。

①物流管理人员：在活动准备过程中，会涉及人员、物品和设施的运进和运出，保证人员及时到场和产品、设备及时到位，活动才能顺利地开展。因此，场馆承接活动就急需有经验的物流专业人员领导各方面工作，即使场馆已经将这些工作都包给了别人。

②停车场管理员：观众对一个大型活动的第一印象可能就是停车场的拥挤程度或者找到停车位置的难易程度，这时要招聘足够的员工或志愿者在专业交通管理人员（交警）的指挥下做好停车场的管理工作。

③电工、水暖工：无论从软件还是硬件的管理角度，这类人员都是保证活动顺利进行和观众欣赏活动、参与活动的关键角色。

④安检人员（志愿者）：观众对一个大型活动的第二印象可能就是安检处的排队“长龙”了。观众有时会表现出喜欢看到这种情形，这表明他们前来观看比赛的决定是正确的，毕竟有这么多观众来观看比赛。但如果在入场时等候时间和排队时间过长，观众立刻就会产生不好的印象，还会产生抱怨和不满情绪。

⑤礼仪人员（志愿者）：大型体育赛事活动在开闭幕式时，作为高水平的赛事象征，应该安排着装统一、身材高挑、行为举止大方的年轻服务礼仪人员，由他（她）们负责引导来宾、负责接待 VIP（very important person）人群等。

⑥安全保卫人员：除了在固定地点执勤的安全保卫人员以外，还要注意在主要场所和区域配备足够的巡场人员。

⑦卫生保洁人员：由于体育赛事是一个临时性的项目活动，各方人员共同支撑着赛事的运转，大量的人员就有大量物品的消耗，也就会产生大量的垃圾，保洁人员同样需要流动巡视，及时处理（也可以委托给专业的清洁服务公司）。

2.1.1.3 注意控制各档期时间

看准时机，避免与重大活动冲突。大型活动一般情况下牵涉面广、影响力大，必须选择一个好的时间来举办，如果是政府机关的活动更是如此。但是，不论什么活动，都可能因国内外政治事件，参与观众、组织者的行为变化而改变，还可能因被邀请的领导或者重要人物日程安排的改变而受到很大的影响。例如，某体育馆承办的2009年散打超级联赛原比赛时间是从6月到10月，恰逢国庆60周年庆典，因为要进行一系列的排练活动，所以在此期间一般的商业赛事活动几乎不可能举办，因此一定要注意合理规划时间。

如果说举办时机还是一个时间概念的话，那么选择具体的举办时间就更为关键了，需要精心策划。例如，2008年奥运会在什么时间开幕，最重要的比赛安排在什么时间等。很多具有倒计时性质的活动都会选择在一个特定的时刻开始，对大型活动而言，这个时刻要精确细化到小时、分钟甚至秒，这对活动成功至关重要。

要知晓控制时间长短的重要性。举办一个活动要考虑到观众的耐心。“时长”对活动组织者和观众是不一样的。对于观众，仅仅意味着一项活动要持续多长时间；而对于组织者，在考虑或安排活动时还要兼顾准备时间和撤场时间，以及该怎么做才能始终保持观众热情，不能为了凑时间而安排活动。

2.1.2 了解合同内容，懂得谈判技巧

2.1.2.1 清楚自己的优势、弱势、机会和威胁

清楚自己的优势和劣势对大型活动的谈判、合同的签署以及后期的管理都会有很大的帮助。哪些方面是我们不擅长的？是否缺少经验？有经验就有一定的优势，如没有就是弱势。通过寻找优势和弱势，你能迅速知道你所拥有哪些资源，为活动承办争取宝贵时间。在谈判当中，可以通过对自身实力的了解，着力展示自身的优势，避开自己的弱势，才有“讨价还价”的砝码，才有获胜的可能。

把握机会，确认威胁。比如周边各种环境，可能是社会、经济、文化等。例如，学生在活动期间有许多的考试任务，导致志愿者的招募无法进行；比赛地全年都有雾霾，但是仍然有大量的报名人员和很高的关注度。这些都是活动所处的社会、经济环境所造成的。活动可能会在后期的运营过程中缺少资金，这种威胁是来自经济的影响。认清优势、弱

势、机会和威胁，专业的术语叫作优劣势分析法（strength－weakness－opportunity－threat analysis，SWOT analysis），为了使SWOT分析法更有效率，应该绘制一个清晰的图表，让大家清楚了解自己所处的位置和层级。

2.1.2.2 了解各种规定和细则，让审批尽快通过

由于各种大型赛事在举办前，都需要设置户外大型广告、搭建赛事展台及布线等，涉及市政市容、消防等政府职能部门，因此，承办大型体育赛事需要取得公安、城管等政府部门的行政许可。多数情况下，需要赛前将活动现场的效果图、平面图、电路图等递交相关部门进行审查并获得批准，搭建过程中还需要这些部门进行实地探勘和安全检查验收。在大型体育赛事活动中，以上部门的作用不仅体现在行政许可和行政监督等行政管理方面，也是在帮助赛事的组织者进行安全把关。审批方会根据不同的行业标准和技术准则，提出规范而严格的要求，进而会协助承办方制定更加科学、合理、可行的大型体育赛事策划方案，尤其是在临时搭建、防火材料使用、临时用电等方面，并协同组织实施和监督检查，共同确保活动的顺利进行。

大型体育赛事或大型活动只有在得到批准之后，才可制订大型活动运行方案。大型体育赛事团队和大型活动利益相关者应对大型活动的申报和审批给予足够的重视，否则产生的严重后果只能自己承担。

（1）向公安部门报批：为维护社会治安秩序和公共安全，保护公民、法人和其他组织的合法权益，保证各项活动的正常进行，公民、法人或其他组织在活动之前必须报县级以上公安部门批准。本着“谁主办谁负责”的原则，主办单位应负责提出申请，申请时需提交的文件一般包括活动总体方案和说明、活动安全保卫工作方案、使用场馆合同、主办单位资格证明等。

（2）向市政管委报批：市政管委主要负责户外的刀旗、条幅、竖幅等与市政管委有关的宣传方面的审批，得到了许可就可以扩大营销大型赛事的影响力、知名度，从而为打造有价值的大型赛事打下坚实的基础。

（3）向公安消防部门报批：公安消防部门主要是针对活动场地（尤其是临时搭建的部分）的消防设施和措施进行审查，体育场馆外的空飘、气球广告等也属于消防的审查范围。《中华人民共和国消防法》第二十条规定：“举办大型群众性活动，承办人应依法向公安机关申请安全许可，制定灭火和应急疏散预案并组织演练”，所以应经公安消防部门对活动现场进行消防安全检查合格后，方可举办。

2.1.2.3 合同管理

寻找赞助商、供应商的时候，就会面临一定量的合同问题，有效合同一旦签署就具有法律效力，所以在不了解具体的程序的情况下，不要盲目做决定，否则会存在很大的风险，此时我们需要约请在该方面有丰富经验的律师，了解合同谈判、财务和税务、观众诉讼、保险以及招投标等方面的信息。作为体育馆的管理者要了解合同的管理内容。

（1）签订合同前要做好充分的准备。审核和分析所有的投标文件，并且将分析的内容形成文字材料，分析可能发生的风险和能够在后期产生的利润。进行项目合同的策划，如分包合同策划、解决各合同之间的协调问题，并对分包合同进行审查。为项目预算、报价、合同谈判和合同签订提供决策的信息、建议、意见等，对合同修改进行法律方面的审查，配合场馆制定报价策略及合同谈判。

（2）认真执行合同规定。制订计划，以保证合同有效地实施，合同内容能够被管理者有效地控制，保证合同目标的实现。对合同实施情况进行跟进，收集合同实施的信息，收集各方面资料，并做出相应的信息处理，将合同实施情况与合同分析资料进行对比分析，找出其中的偏离，对合同履行情况做出判断，提出合同实施意见、建议甚至警告。进行合同变更管理主要包括：参与合同变更谈判，对合同变更进行事务性处理，落实变更措施，修改变更相关的资料，检查变更措施的落实情况。落实日常的索赔和反索赔工作。

2.1.3 将整个过程掌握在自己手中

2.1.3.1 利用甘特图监控活动整个过程

在所有谈判、审批、合同签订完成之后，接下来要对活动有一个整体的规划。抓紧每一分钟解决关键任务，从而对活动整体进行监控。当你在为规划整个过程而苦恼的时候，有个方法可以解救你，就是将整个活动完成的日子往前进行一步一步地推算。在脑海中就像过电影一样，但是这个“电影”是采用倒叙的手法进行的。确保活动的每个项目、每个负责人及重要内容都在规划中。具体可以参见斯诺克中国公开赛甘特图（图 2-4）。

制表人：×××　　制表日期：××××年×月×日

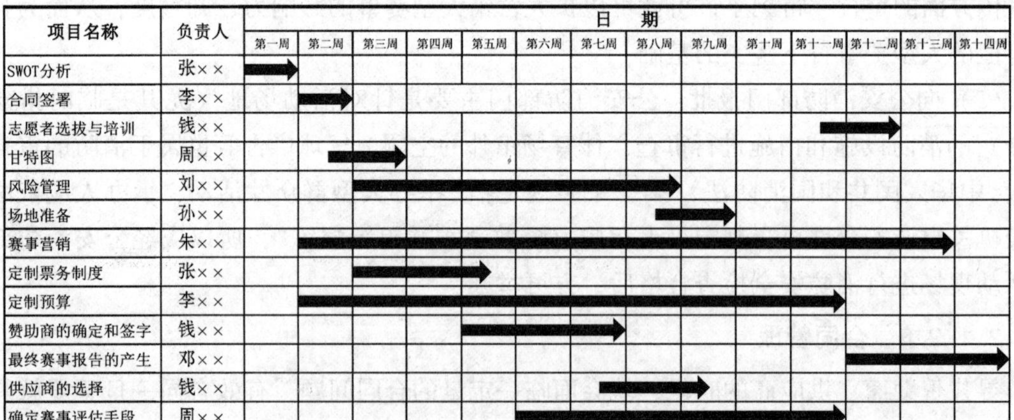

图 2-4　斯诺克中国公开赛甘特图

大型活动对外涉及方方面面，对内涉及数十个部门、数千名工作人员、数万名演职人员，是名副其实的大“工程”，必须要制订严密的工作计划，如果其中的任何环节、任何人出了问题，整体计划就要受到影响，活动就难以顺利地进行。因此，必须充分运用计划监控手段，按时发布计划完成报告，确保工作进度。

2.1.3.2 把握每个细节

应用案例

举办一场大型活动涉及的利益相关者较多，经常需要跨部门、跨企业、跨行业，其活动目标是由各个利益相关者的目标共同构成的，它们有主次之分。不同的利益相关者一般都会站在自身的角度来看待这场活动，甚至争抢资源，这时就需要场馆管理者以活动的整体目标、利益、效果为导向，认清不同的活动价值和作用，配置好资源的使用。具体步骤见场馆承办大型活动筹备图（图 2-5）。

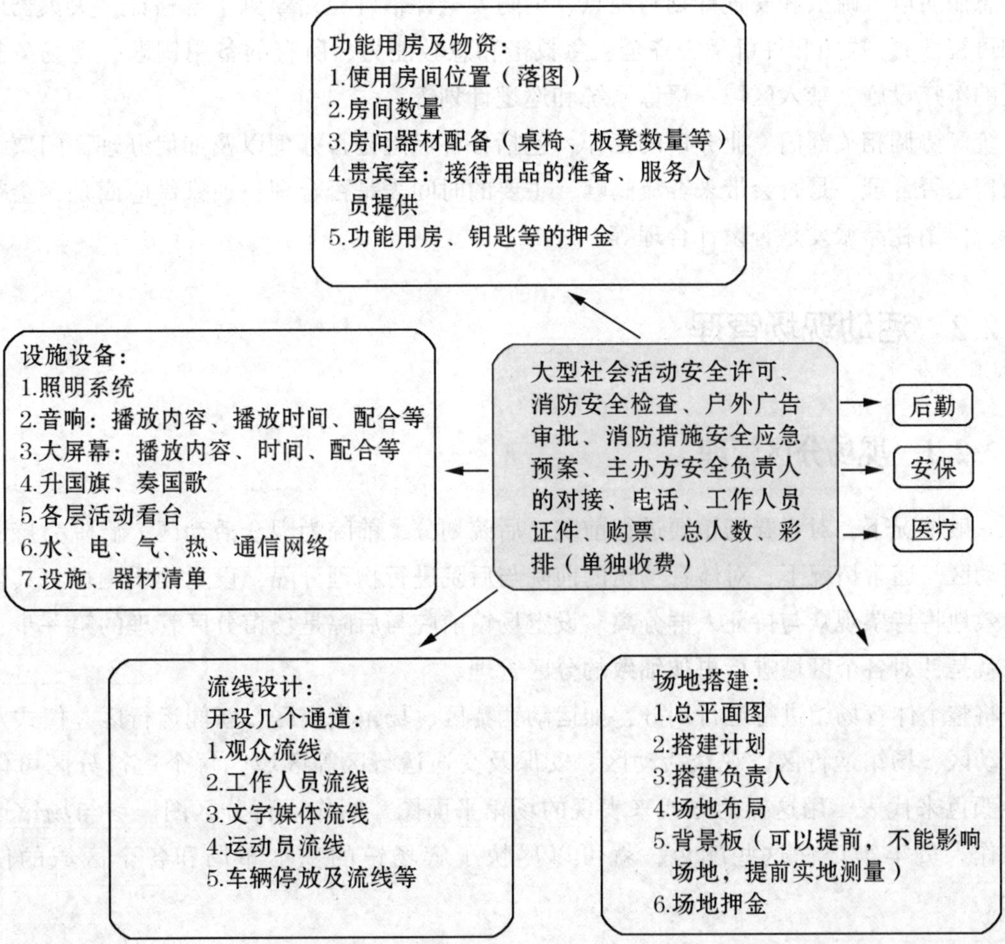

图 2-5　场馆承办大型活动筹备图

2.1.3.3 合练与彩排

整体演练与彩排，主要是按照正式活动开始的程序，进行若干次的整体合练，届时体育场馆所有设施设备的开启与服务人员、志愿者、观众等均需密切配合。一般大型体育赛事或大型活动都有此环节。作为体育场馆的负责人，必须按照要求进行，无论是自己组织还是他人组织都要有此过程。在举办大型体育赛事或大型活动之前，通常会先举行一次或多次合练与彩排，目的是对场地、设备和其他资源进行整体测试，以便发现问题、解决问题。合练与彩排既能真实反映或暴露出问题所在，又能在正式活动前对问题进行及时修正或补救，从而确保正式比赛或活动的安全顺畅进行。

2.1.3.4 检查与协调

全面检查：公安消防联合检查，场馆相关部门负责人一定要到一线岗位或区域，对重点地段、关键环节进行认真检查并登记备案，包括与电有关的照明系统、电梯、逃生出口和紧急照明以及疏散和安置计划与地点、消防安全评估（是否拿到了合格证、灭火器的位置和可视性）、执照和许可是否齐全、急救箱和急救能力、所有的备用钥匙、现场急救和最近的医疗设施、禁入区域、摄像系统和巡逻计划等。

统筹协调相关部门、业务口的工作，包括各种保险是否办理以及如何办理，门票设计和销售是否合理，是否会带来客流高峰，主要的时间表是否合理，独家供应商是否会带来风险，促销礼品派发是否设计合理等。

2.2 活动现场管理

2.2.1 现场分区管理

一般情况下，对竞赛场馆要进行前院、后院划分，前院为观众活动区，后院为持证人员活动区。通常情况下，对体育场馆的前院与后院进行物理分隔，设立硬质围栏，其目的是有效地将持票观众与持证人群分离。设定场馆前院与后院是场馆分区管理的第一步，接下来就是针对各个区域进行更加细致的分区管理。

将整个体育场馆进行运行划分，如运动竞赛区、场馆贵宾区、新闻运行区、仪式及文化活动区、场馆运行区、观众活动区、安保及交通运行区等区域。每个运行分区可以用一种颜色来代表，用这样的方式来表现的场馆平面图，叫作运行分区图。参与场馆运行的工作人员牢牢记住这些颜色，就可以尽快了解场馆的基本布局和各个区域的使用功能。

2.2.2 运用有效的管理手段

2.2.2.1 角色管理

角色管理，就是根据参与活动者的不同身份把现场的管理任务分为若干方面，将每一角色群体的相关事务作为一方面的管理任务，分别安排专人负责，最后由大型活动总负责人统一管理各个方面的负责人，协调和控制整个现场工作。由于活动现场的参与人员数量大，身份复杂，事务繁多，如何有效组织现场的各项工作，保证活动的顺利进行，对于活动的管理者来说也是一个极大的挑战。

2.2.2.2 总指挥制

角色划分是管理的基础和前提，但是如果管理没有效率，角色划分得再科学、再合理也无济于事。经历过大型活动执行的人一定都了解活动的开展现场一般都比较混乱，工作人员的精神高度紧张。只有大家听从统一的安排，互相配合，才能保证各项工作有条不紊地进行。如果每个人都去指手画脚，那么场面一定会更混乱，员工不知道该听谁的，管理者也不知道各项工作的进展如何，某件事情是否有人去处理或者是否安排妥当等问题就会接踵而来。当每个人都去控制现场，现场也就失去了控制，也就无所谓什么管理和协调了。为了保证现场工作顺利、高效地开展，必须只能由一个人统一管理。在这种情况下，当活动现场出现问题时，可以由总指挥统一调配进行处理。

2.2.3 作出及时调整

俗话说“计划赶不上变化”，大型活动在开工后将面临很多的不确定性，各个利益相关方常常由于各种原因要求对活动进度计划进行修改、调整，甚至重新计划。

2.2.3.1 提出变更要求

如哪些按时完成了、哪些还没有完成，以及变更请求，即基于现在活动的完成情况，如何提出变更要求。想要改变活动计划，一定要告知所有利益相关者，以方便重新协商和确定新的时间表。

2.2.3.2 审查变更要求

在大型活动申报成功之后，除了要做一个完整的活动进度计划和团结各方人手，一定要有一个相对独立的协调和监督部门来协调和监督大型活动的进度。这个部门人员是大家都比较认同、比较有权威的人，并且不和任何利益方有牵连。如果哪一方提出要变更计划，监督部门首先要核实变更内容，对它进行公正的评测，以确定是否有必要变更计划。其次，明确是有必要对原先的计划进行修改，还是可以做些进度补救。在计划的执行过程中对进度计划进行变更不但会打乱原有进度安排，还会对大型活动管理的其他方面产生影响。因此，当遇到变更请求时，首先应考虑启动应急计划或采取应急措施，看是否可以消除变化所带来的不利影响，然后再去考虑调整计划进度。

2.2.3.3 确定将要改变计划进度

如果活动的实际执行情况和原先的进度计划不符，同时也没有备用的应急计划和应急措施可以采用，那么就需要对原计划进行变更。同时应该指出的是，计划的变更和采用应急计划及计划的备选方案还是有所不同的。一项周密的计划在制订过程中，必然会考虑有可能出现的意外情况，并且针对出现率较高的意外情况制订应急计划，以便在出现意外时启动应急计划或者备选方案。我们所说的意外指的是“意外之外”，没有备用方案可以补救，此时，就需要对原有的计划进行修改，甚至重新制订。

2.2.3.4 制订新的计划

在以上决策的基础上，审视原有的大型活动进度计划，明确原有计划需要变更的地方，尽快制订出变更后的大型活动进度计划，让大家有章可循。

2.2.4 灵活运用各种方法激发员工工作热情

在场馆承接大型活动的过程中，如何激励员工应引起管理者的重视。因为活动是靠集体的力量共同完成的，某方力量弱一点，就会影响活动整体的效果。大型活动当中不仅有谈判、营销这样的大任务，还有许许多多零碎的小任务需要尽全力去做好。负责小任务的员工往往会对工作缺乏热情，从而影响活动整体效果，所以如何让每个员工都有足够的热情和劲头去对待每个任务是一门学问。为达到这个目的，管理者要正确把握员工心理，并成功激励员工。

2.2.4.1 员工常见心理活动

①员工经常依据自己的物质和精神需要，对自己下一步的行为作出决定，使自己今后的组织行为得到强化；②员工在组织中工作，存在着个人的目标，并且对自己的行为结果存在着某种期望；③员工经常依据自己的个人目标和期望对自己的行为结果作出评价；④员工经常把自己的行为结果与周围的环境做比较；⑤员工经常对自己的行为结果作出归因，而成功的结果与失败的结果的归因往往不同。

2.2.4.2 有效的激励方法

（1）工资及奖励制度的设计。在工资与奖励制度的设计中，应注意几个重要的问题：第一，工资与奖金的发放应与组织的承受能力相一致，应与组织发展的目标相一致。第二，奖励制度要使员工得到的报酬与他们的工作绩效相联系，这就需要在职务评价的基础上对承担不同工作职责的员工根据不同的工作绩效作出奖励。第三，在工资与奖励制度的设计中，将增加报酬与提供培训和休假机会、提高员工地位等结合，既能使员工工作积极性提高，也能增加员工的组织归属感，提高其对自我价值的认识。

（2）目标管理。目标管理的总体思路是根据组织的总体目标，制订个人目标，从而使个人目标能与组织目标相一致，激励员工为组织目标而工作。

（3）工作设计。工作设计问题主要是组织向员工分配工作任务和工作职责的方法。其主要思路是通过工作任务和职责的分配，来激发员工的工作动机。

（4）工作氛围。从工作氛围的角度来研究激励问题，它包含合理的报酬、良好的环境、参与决策充分发挥员工的潜能等多种手段。

在有关激励的方法中，还有许多发挥了重要作用的激励措施，如参与决策、组织行为矫正等。我们在应用这些措施时，要真正理解这些措施的价值所在，才能更好地发挥这些措施的作用。

3 大型活动运行流线的规划

案例导航

3.1 场馆运行

场馆运行的赛事组织管理模式始于2000年第27届悉尼奥运会，第28届、29届奥运会都沿用了这种组织管理模式。场馆运行赛事组织管理模式为赛事的高效有序举办发挥了重要的作用，国际奥委会已经将“场馆运行”确定为今后举办奥运会的基本形式。简而言之，场馆运行赛事组织管理模式就是在组委会的统一领导下，按照场馆功能设置赛事管理机构，综合管理场馆内的一切事务。从管理学上讲，每种管理模式都有其自身的环境适应性和局限性。中国同西方国家的国情不同，政府运作的赛事组织运行不同于其他国家，在赛事组织管理模式上与往届奥运会有很大差异。以往的国内综合性运动会以竞赛委员会的形式开展竞赛组织工作。

在场馆运行赛事组织管理模式下开展竞赛组织工作，需要将国际惯例与本国优势很好地结合。第29届奥运会就是在借鉴以往奥运会举办国赛事组织管理模式的基础之上，结合国内竞赛委员会长期积累的竞赛组织经验，对场馆运行赛事组织管理模式进行了融合创新，使之更能适应奥运会的需要。接下来，我们将以第29届奥运会为例，对场馆运行赛事组织管理模式进行全面剖析。

3.1.1 场馆运行的定义

为某一赛事服务的各类场地、设施都称作场馆。从使用的角度可以将场馆分为竞赛场馆、训练场馆、非竞赛场馆，如第29届奥运会有37个竞赛场馆、66个训练场馆和13个非竞赛场馆。

场馆运行是指有效保障场馆组织竞赛活动的管理服务过程，是大型综合性赛事的基本运行形式，任何比赛以及与比赛相关的各种活动都是集中在某个或几个场馆中进行的，与之相关的绝大多数工作、问题、矛盾都需要在场馆中解决。因此，奥运会将“场馆运行”作为固定模式延续下来是具有一定科学性的。

场馆运行是赛事整体运行的基本单位、基本依据和基本要求。场馆管理团队作为场馆运行的管理服务主体，依照赛事流程推进工作内容，赛前负责组织编制运行计划、合理配置赛事资源、保障场馆运行，赛时负责按计划组织协调场馆运行、按照国际单项体育联合会章程和规则实施竞赛组织工作。

场馆运行的基本理念就是“以竞赛为核心，以场馆为基础，以属地为保障”。所谓以竞赛为核心，即指竞赛组织工作是场馆运行工作的中心，其他各项工作都要服从、服务于顺利、成功推进竞赛组织工作的需求，并按照一定的规范，紧紧围绕竞赛组织工作来开展；以场馆为基础，是指场馆是运行工作的基础，场馆工作是赛前筹备、赛时运行工作的中心和落脚点，赛时场馆内90%以上的问题解决在场馆内部；以属地为保障，是指充分动员场馆属地单位的资源和能力，为场馆运行工作做好保障。

3.1.2 场馆运行组织要求

3.1.2.1 指挥统一、标准统一

大型赛事一般在赛前成立总指挥部，对筹备及赛时运行负全责，当地政府、场馆等有关方应按照相应职责积极开展工作。场馆运行是一项整合了众多业务领域的综合性工作，综合性体育赛事不是单项赛事的简单叠加，而应保证各项赛事、各个场馆的服务标准与工作流程基本一致。这就要求各个场馆团队按照统一的服务标准、运行模式、运行政策等落实筹办任务。当然，各个场馆在按照统一政策和标准开展工作的同时，也要结合比赛项目和场馆的实际，挖掘个性化内容。

3.1.2.2 专设团队、明确权责

场馆是体育赛事组织工作的“主战场”，是运动员竞技的舞台，也是观众休闲、娱乐、

感受赛事气氛的“第一现场”。每一个细节都关系到比赛成绩和观众体验，因此必须落实场馆团队运行责任制，而落实场馆团队运行责任制的关键环节就是明确组委会各职能部门与场馆团队的职责。

职能部门主要负责制定政策、业务指导和计划监控等，场馆团队则要按照统一的规范，承担计划编制、资源配置、团队组建以及实际运行的工作。这就要求赛事整体组织工作的重心下移到场馆，具体表现为赛时场馆内出现的90%以上的问题由场馆团队负责解决，当遇到重大或突发高风险事件，超出场馆团队协调权限的时候，由组委会统一调度。为此，应当赋予场馆团队相应的权力。一般来说，这些权力包括计划管理权、团队人员管理权、场馆预算编制与执行权、除集中采购物资以外的物资调配权等。

3.1.2.3 内外联动、整体推进

与场馆团队同步成立属地政府场馆外围保障组，同步编制和落实外围保障工作计划，内外衔接、联动工作。属地是指场馆所属的“地界”。充分调动属地单位的资源和能力，为场馆运行工作做好保障。可以说，各个场馆与属地的有机结合，是高水平场馆运行的坚实基础。

3.1.3 场馆运行特点

3.1.3.1 复杂性

场馆运行各项业务与保障工作相互交错，紧密关联，涉及的业务领域众多。如第29届奥运会期间，竞赛场馆运行包括竞赛组织、体育展示、兴奋剂检查、观众服务、交通、市场开发、票务、餐饮、注册、语言服务、医疗服务、物流、场馆设施管理、环境、新闻运行、电视转播等23个固定业务口。

3.1.3.2 专业性

场馆运行在遵循专业赛事运行操作规范的同时，还要与国际奥委会、国际单项体育联合会、媒体、转播机构、各类赞助商等方面保持沟通、密切衔接。

3.1.3.3 规范性

场馆运行应按照统一的标准进行，不同场馆、不同项目要在流程规范上保持一致。

3.1.3.4 整体性

场馆运行注重统筹整合。它不是单一工作的简单叠加，而是强调统筹整合，空间布置和工作流程要同时满足竞赛、转播、观赛等方面的需求。

3.1.3.5 服务性

竞赛组织按照国际单项体育联合会章程和规则落实，场馆管理团队主要为竞赛组织提供周到细致、标准规范的服务。

3.1.3.6 国际性

场馆服务对象众多，包括来自各个国家和地区的运动员、各国媒体、国际单项体育联合会、志愿者等，场馆管理团队要熟悉赛事运行规则，具备对外交流能力。

3.1.4 场馆运行的相关工作方案

大型活动场馆运行工作主要包括开闭幕式、颁奖仪式、兴奋剂检查、医疗服务、语言服务、市场开发、摄影服务、礼宾、新闻运行、体育展示、观众服务、竞赛组织、场馆管理、票务、交通、餐饮。方案示例详见拓展资料。

拓展资料

3.1.4.1 开闭幕式方案

（1）开闭幕式通行政策。为确保开闭幕式当日、彩排和预演的正常进行，必须对开闭幕式期间进入相关场馆和区域的人员加以控制。在开闭幕式当日、彩排和预演期间，由安保警卫部门负责制定相关政策、发放专用证件并负责证件检查工作。

（2）开闭幕式着装彩排摄影政策。因摄影记者需要确定开闭幕式拍摄使用的镜头，并预估当时的照明条件，故允许摄影记者参加开闭幕式着装彩排，但摄影记者必须遵守组委会规定不将其拍摄的任何彩排照片提前发布到媒体上。

3.1.4.2 颁奖仪式方案

（1）颁奖仪式的现场预演。赛前准备和转换期间，在颁奖仪式举行之前的24小时内，场馆颁奖仪式经理与竞赛经理协商，确定合适的时间进行1~2次现场预演，现场预演完全按照正式的颁奖仪式流程进行，所有相关业务口都应参加。

（2）颁奖台等物品的管理。颁奖台、地毯在赛前存放在靠近颁奖台的储藏室，颁奖仪式举行当日由竞赛部门安排志愿者按颁奖仪式业务的要求，根据赛程择时摆放颁奖台和地毯，并于颁奖仪式完成后搬回储藏室。颁奖仪式的国旗由颁奖仪式经理提前准备完毕，国歌及颁奖仪式音乐提前统一制作成音频文件，由颁奖仪式经理负责保存。

3.1.4.3 环境服务方案

（1）观众服务。赛事前，通过工作人员及志愿者提示，要求观众不要随地吐痰，随手丢弃垃圾，要自觉分类投放垃圾，并负责监控卫生间的使用情况。比赛中工作人员负责场馆内的清洁与废弃物处理，并随时根据实际需要进行清理。在比赛结束后，工作人员负责检查、清理观众座席区，查看是否有观众遗失的物品，如果捡拾到物品则交由赛事场馆经理及时通知失主认领。

（2）竞赛服务。比赛过程中，在裁判或医生提出要求，并征求场馆经理同意后，配合裁判对比赛场地及比赛器材进行清洁。

3.1.4.4 礼宾方案

（1）场馆礼宾工作人员将在贵宾入口处迎接各位来宾，并提供引导服务。当贵宾离开赛场时，场馆礼宾人员将根据贵宾需要通知其陪同人员，并将贵宾送至入口处。

（2）贵宾休息室开放的时间原则上为赛前 1.5 小时至赛后 1 小时。在休息室开放期间，餐饮、安保、卫生等方面工作人员根据其各自的岗位职责在贵宾接待室相应的岗位地点提供全程服务。

3.1.4.5 新闻运行方案

（1）新闻发布厅的运行。原则上，每场决赛结束后必须组织赛事新闻发布会，比赛的前 3 名获奖运动员出席新闻发布会，教练员或其他运动员可视情况参加，如有较多数量的记者提出在发布会后采访运动员、教练员等，则需要向赛事组委会提出申请，得到肯定答复后予以安排采访。新闻运行团队负责新闻发布厅的背景板设计、安装以及服务协调，场馆技术人员负责提供技术设备，如麦克风、扩音器、照明设备、分音器等。在新闻发布会发生延迟的情况下，新闻运行团队应随时提供新闻发布会更新后的时间。

（2）特殊新闻发布会。在比赛期的其他时间里，如有需要（如出现突发性事件、比赛出现重大冷门等），也可以增加安排有关赛事的新闻发布会。组委会与媒体官员联系后共同决定哪些运动员和教练员出席。

（3）记者看台席的运行。记者看台席为记者预留有桌和无桌座席。有桌座席应提供电视监控器、电源插座、网络接口、电话接口等相应设施。露天场馆的有桌媒体座席应设置遮阳顶棚。有桌媒体座席的前后应当预留足够的空间，方便媒体记者和成绩公报发送员出入。

（4）训练场馆媒体采访。训练场馆对媒体开放与否应根据参加训练比赛队伍达成的一致意见来执行。凡是对媒体开放的训练，应提前在赛事官方网站上公布。训练场馆的媒体服务事宜由场馆的竞赛管理团队负责协调落实。

3.1.4.6 体育展示方案

（1）体育展示工作将根据竞赛和其他各部门的需求，组织体育、音乐、视觉艺术和表演艺术等各方面专家进行整体策划，运用综合性的手段表现赛事主题。

（2）体育展示模板。体育展示的基本元素为声音系统（含播音员播报和音乐播放）、视频系统（现场大屏幕）、灯光系统和现场表演等。体育展示的总体模板含播报员的播报、音乐、视频等内容，为各个项目模板的通用内容。

（3）体育展示所需设施的设置和维护政策。体育展示的设施保持完好的工作状态是实现体育展示的根本保证，体育展示所需的音频、视频、灯光等需根据体育展示模板的需求预先在场馆设置。体育展示的设施在赛事期间应有充足的电源保证，同时各类设施在赛事期间需具有应急维护机制保障。

3.1.4.7 观众服务方案

（1）安检协查工作任务。安检协查工作任务包括观众引导、软性验票、队列管理、安检信息提示以及使用射频识别技术（radio frequency identification，RFID）设备查验电子门票（图3-1）。

①观众引导：通过流动扩声以及引导员的工作，使观众形成有序队列。

②软性验票：请观众出示门票并初步判断门票真伪。

核对票面上的场次代码，只有持当天本场次正确门票的观众方可接受安检。如果所持门票非本场馆代码，应提示该观众前往正确的场馆观赛，不得进入本场馆。

作为安检协查工作的一个组成部门，软性验票的目的是为确保持正确门票的观众接受安检，从而提高安检速度。因此，安检协查员只需粗略判断门票真伪，不必从观众手中接过门票一一查看，只有在目测无法确定时才需要接过门票查验。

①队列管理：配合安检工作人员，控制队伍前进速度，维持队伍秩序。根据安检速度让观众逐一进入安检帐篷接受安检，请其余观众在线外队列内等候。

②安检信息提示与执行场馆规则：提示观众安检注意事项，做好安检准备，注意观众是否携带违禁限制物品。

③RFID 查验电子门票：使用 RFID 设备查验电子门票真伪，根据相关政策和程序处理票务问题。

图 3-1 观众入场处完备的安检设备

（2）检票口管理。检票口专用通道可供工作人员出入；检票口的运行时间根据场馆竞赛安排情况可能会有所不同。一般情况下，检票口开放时间为自场馆对观众开放至本场比赛结束，比赛开始半小时后将关闭大部分检票通道；观众服务工作人员在检票口查验观众门票，为其撕去副券。

（3）门票查验和设备使用。这里主要涉及安检协查和检票工作。

①安检协查：在观众进行门票查验前，志愿者对观众进行安检提示和队列管理。主要工作为提示观众检查票面信息、控制队列行进速度、提示观众安检注意事项、保证队列行进有序。

②检票：在场馆前院，安检后5~10米处即为检票区。观众来到检票口，志愿者目测场次代码，确认无误后，用手持型设备对门票真伪进行查验，查验正确，撕去票根请观众入场。

（4）观众活动区清场检查。在每单元赛事结束后，观众服务工作人员对场馆前院进行清场；观众服务清场工作的目的是尽可能降低观众滞留在场馆内部、观看下场比赛的可能性，确保良好的观赛秩序。观众服务清场工作不同于以安全为目的的安保清场。

（5）场馆限制物品及行为。限制物品是指虽然不违反法律，但在场馆中受到限制使用的物品。建议观众不要携带此类物品前往场馆，如已携带，则视具体情况请其丢弃或自行处理。以下物品被限制带入场馆：

①易碎品与各类容器，例如玻璃瓶/杯、保温杯等各类容器；

②自带软硬包装饮料，尤其是含酒精饮料；

③展开面积超过2米×1米的旗帜；

④违反相关规定的横幅和标语；

⑤动物（导盲犬等服务动物除外）；

⑥除婴儿车与轮椅之外的任何代步工具。

限制行为是指不触犯法律，但被场馆规则所禁止，可能对场馆环境、运动员或其他观众构成干扰的行为。赛事组织的工作人员将对此类行为予以制止。以下行为被视为限制行为：

①不对号入座，在非吸烟区吸烟，翻越护栏、踩踏座椅以及向比赛场地或观众座席投掷物品；

②进入非观众区域，如贵宾区、工作区及比赛场地等；

③集体使用或穿戴有明显商业标志的包或服装；

④任何未经授权的宣传展示活动、筹集资金的行为或在场馆内发放宣传品；

⑤其他分散运动员、技术官员、教练员注意力，影响赛事顺利进行或妨碍他人观赛的行为，包括使用闪光灯拍照，不服从工作人员管理等。

（6）观众看台管理。原则上，观众看台管理是观众服务的主要责任，工作人员负责对观众看台进行管理，为观众提供引导、信息咨询等相关服务。

非紧急状态下，除非观众的行为明显违反赛事的相关规定，一般情况下观众服务志愿者不过分干预。

除非因工作需要，任何注册人员不得随意进入观众看台。

3.1.4.8 场馆管理方案

（1）场馆对观众开放和关闭的时间。场馆每日第一次对观众开放的时间，原则上定于第一场比赛开始前的2小时。具体的开馆时间要参照事先制定的竞赛日程表和工作时间表，并通过必要的程序予以确定。场馆主任在确保场馆的运行工作准备就绪的基础上，负责下达场馆开馆命令。

场馆每日最后对观众关闭的时间，原则上为当天最后一场比赛结束后1小时。

比赛场次中间，灵活掌握，由场馆主任下达命令向观众关闭或开放，原则上应确保下一场次观众进入场馆的时间在上一场次观众退出场馆后。

快速通道开放、关闭时间与场馆每日第一次对观众开放和最后对观众关闭的时间保持一致，中间不关闭。

场馆内外的客户服务设施，如场馆票务亭、场馆特许商品零售点等，可以参照场馆时间开放和关闭，原则上其关闭时间应确保不影响观众的退场。

（2）场馆运行每日例会。场馆运行每日例会由场馆主任召开，原则上各场馆副主任和各业务经理均应参加。每日例会早晚各召开一次。其中早例会（晨会）于每天第一场比赛开始前3.5小时，在位于场馆运行中心的综合会议室举行，由场馆主任对当日的主要工作任务进行布置，各业务口通报重要信息。晚例会（总结会）于每天最后一场比赛结束后1.5小时举行，地点仍然是位于场馆运行中心的综合会议室，由各业务口总结当天的运行情况，场馆主任给予评估或督促调整。

3.1.4.9 餐饮方案

（1）在大型活动期间，餐饮业务口负责为客户群提供餐饮服务。为运动员和随队官员提供免费餐饮；在竞赛场馆为技术官员和裁判、注册媒体提供免费餐饮；为贵宾提供免费热餐和茶点；为工作人员（包括志愿者）提供免费餐饮；观众付费在公共餐饮售卖点购买食品和饮料。餐饮服务商在场馆售卖产品所得的现金，由餐饮服务商自行保管，确保现金安全并自行出资将现金运出场馆。

（2）餐饮垃圾管理。餐饮服务商负责所有餐饮区域的清洁与垃圾清运，包括地面清洁，并根据相关环境保护政策法规将所有废弃物分类收集，运送至指定地点，最后将垃圾统一运输至场馆外。

3.1.5 场馆运行分区设计

3.1.5.1 功能分区

大型比赛一般对比赛场馆前、后院严格区分，前院为观众活动提供空间和服务，后院为持证人群活动提供空间和服务。训练场馆一般不分前、后院。为了更好地服务训练，训练场馆要进行分区管理。

（1）运动员训练区：主要包括训练场地（属于竞赛场馆的附属场地）、力量训练房、更衣室、淋浴室、卫生间等；技术官员也主要在此区域工作。

（2）场馆工作运行区：场馆团队办公区、安保值勤室、医务室等。

(3) 功能分区与空间配置应遵循如下原则。

①人、车分流原则：车辆流线与人员流线尽量分开。

②就近原则：尽量缩短各类人群落客后到场馆的步行距离。

③优先原则：在进行流线设计时，按运动员、技术官员、贵宾、新闻媒体人员、工作人员顺序依次满足持证人群流线需求。

3.1.5.2 空间配置

以运行任务作为空间配置的依据。应为安保、医疗、属地、公共卫生等固定业务口提供运行所需的房间与空间以及相关物资。物资配备上专用物品由各业务口准备，照明、电话、网络端口、锁闭空间等一般由所在场馆准备。

3.2 大型活动竞赛场馆客户群

在进行活动流线设计前，需要了解有哪些人群会参与到竞赛活动中来。通常，竞赛场馆客户群包括运动员及随队官员、技术官员、电视媒体人员、文字媒体人员、摄影媒体人员、国际体育组织贵宾、观众。各类客户群赛时在比赛场馆内的主要活动如表 3-1 所示。

表 3-1 各类客户群赛时在比赛场馆内的主要活动

客户群	客户群活动描述	活动区域
运动员及随队官员	进入场馆	场馆指定区域
	获取比赛场地信息	场馆指定区域
	运动员更衣	运动员更衣室
	运动员热身	热身场馆（场地）
	运动员检录	运动员检录处
	赛前准备	比赛场地（运动员休息室）
	比赛	比赛场地（运动员看台）
	比赛结束后	比赛场地（运动员休息室、运动员淋浴室）
	混合区采访	混合区
	颁奖仪式	比赛场地（颁奖区域）
	兴奋剂检查	兴奋剂检查站
	新闻发布会	新闻发布厅（室）
技术官员	进入场馆	场馆指定区域
	提供竞赛信息	场馆指定区域
	更衣、休息	技术官员更衣室、休息室
	会议	技术官员会议室

续表

客户群	客户群活动描述	活动区域
电视媒体人员	比赛	比赛场地（技术官员座席、技术官员工作台）
	新闻发布会	新闻发布厅
	比赛结束后	技术官员工作间（休息室）
	前往工作区域	电视转播综合区（普通评论员席、带摄像机位评论员席、摄影机位）
	查阅评论员信息系统	电视转播综合区（普通评论员席、摄像机位评论员席）
	转播比赛	广播电视综合区（评论员席、评论员控制室、摄像机位）
	协调混合区采访	混合区
	获取本场比赛成绩	场馆媒体中心（评论员席、转播信息办公室）
	转播新闻发布会	新闻发布厅
文字媒体人员	媒体接待	媒体接待服务前台
	媒体工作	媒体采访区
	设备/技术检查	场馆媒体中心（文字记者工作间）、文字记者看台
	观看比赛	文字记者看台
	获取本场比赛成绩	场馆媒体中心（媒体工作间）、文字记者看台
	混合区采访	混合区
	新闻发布厅采访	新闻发布厅
	媒体休息	媒体休息室
摄影媒体人员	摄影记者接待	媒体接待服务前台（摄影记者工作间）
	存放摄影器材	摄影记者工作间储物柜
	摄影记者工作	摄影记者工作间
	设备/技术检查	摄影记者工作间（摄影位置）
	摄影位置检查	看台、场地、屋顶马道等特殊摄影位置
	摄影记者赛前安装遥控相机	比赛场地
	摄影记者赛时拍照	摄影位置
	摄影记者到屋顶马道拍摄	屋顶马道
	摄影记者实时传输	摄影位置（摄影记者工作间）
	获取本场比赛成绩	媒体看台（摄影记者工作间）
	混合区拍摄	混合区
	新闻发布会拍摄	新闻发布厅
	图片编辑、传输	摄影记者工作间
	摄影记者拍摄颁奖仪式	颁奖地点（场地摄影位置、看台摄影位置）

续表

客户群	客户群活动描述	活动区域
国际体育组织贵宾	进入场馆	安检口（场馆入口）
	贵宾休息	贵宾休息区
	休息	陪同人员休息区
	观看比赛	贵宾座席区
	颁奖仪式	颁奖仪式等候区
	离开场馆	贵宾上下车区
观众	安检	安检区
	检票入场	检票区
	在公共区域的活动	公共设施活动区域
	进入看台及观看比赛	观众看台

3.3 场馆大型活动运行流线设计

3.3.1 场馆运行流线设计的原则

在场馆举办大型活动时，由于人、车、物的集散活动，必然会产生一定的流动过程和流动路线，简称“流线”。依流动方向不同，可以分为进场流线和出场流线。依流动主体不同，又可分为人流、车流和物流。

流线设计要遵循就近简便原则，进出场路线要明确，避免互相干扰、迂回曲折。在保证人员进出场馆迅速、安全的前提下，设计贵宾优先通行方案，同时要注意流量和流线的宽度成正比。

3.3.2 场馆的流线设计细分

通过竞赛场馆客户群和场馆分区介绍，可以初步了解这些人群在场馆内的活动区域。但是要为他们提供细致、周到的服务，还需要更深入地掌握他们各自的活动规律。我们以大型综合运动会为例，对以下七类客户群的活动流线进行逐一描述。

3.3.2.1 观众

观众通常乘公共交通工具前往场馆，接受安检和验票后进入场馆前院（观众活动区），此处有餐饮售卖亭、信息亭、纪念品零售店等服务设施。观众按照标识指引进入相应的座席区观看比赛。志愿者或场馆工作人员将在这一系列的活动环节中提供咨询、引导、信息提示等服务。观看比赛结束后，观众将沿原路离开场馆。

对于残疾观众，需要引导他们使用电梯或无障碍坡道，并在轮椅席位就座。

3.3.2.2　运动员和随队官员

运动员和随队官员乘班车从运动员村前往场馆，班车经免检通道进入场馆并在运动员落客点停车，运动员在入口处接受验证后，进入赛前准备区，领取竞赛信息、更衣、热身、检录后，进入比赛场地进行比赛。比赛结束后，运动员在混合区接受媒体采访，之后回到先前的准备区进行赛后身体恢复。部分运动员还应参加新闻发布会，接受兴奋剂检查，参加颁奖仪式，或进入座席区观看比赛。在全部活动结束后，运动员将乘车返回驻地。

3.3.2.3　技术官员

在场馆内，无论是国际技术官员还是国内技术官员，他们都是比赛的组织者。国际技术官员包括国际单项体育联合会的技术代表或者由他们选定的各国裁判，主要负责比赛执裁，对竞赛整体组织运行起着非常重要的作用。

技术官员乘班车从驻地（一般为技术官员村或签约酒店）前往场馆，班车经免检通道进入场馆并在技术官员落客点停车，技术官员在入口处接受验证后，进入竞赛组织区，经过更衣、熟悉场地、赛前工作会议等流程后，去往各自的工作地点，包括比赛场地、检录处、器材管理发放处、座席区等。比赛结束后，确认比赛成绩、监督兴奋剂检查。在全部工作结束后，技术官员将乘车返回驻地。

3.3.2.4　文字和摄影记者

文字和摄影记者大多从媒体村、媒体酒店、主新闻中心前往场馆。大部分记者将乘坐班车，少量人员会自驾车。针对不同类型的车辆会制定不同的准入政策，包括停车、安检等。这些人员进入场馆后，将在媒体工作间、媒体看台、混合区和新闻发布厅等区域进行工作。在全部工作结束后，文字和摄影记者将乘车返回驻地。

3.3.2.5　电视媒体人员

电视媒体人员的活动流线与文字和摄影记者有很多相同之处。从注册权限上看，他们可以到达文字和摄影记者的区域，同时还专门划定了自己的“特区”。转播人员的活动主要集中在电视综合区、评论员席、摄像机位等“特区”里。其中在室外临时搭建的广播电视综合区是奥运会电视转播的一大特色，电视转播的技术支持、后勤保障都在这里完成。

3.3.2.6　贵宾

贵宾通过后院通道进入场馆，一般要经过安检，级别较高的贵宾将在经过场馆安检口时享有免检待遇。进入场馆后，他们将前往设在贵宾区的休息室，比赛开始前进入贵宾座席区观看比赛。当然，有颁奖任务的贵宾会在比赛结束后按照礼仪人员的引导进入颁奖区为运动员颁奖。结束活动后，他们会离开竞赛场馆。

3.3.2.7 工作人员

场馆团队的工作人员也有自己的活动流线。他们乘坐公交车辆抵达场馆，一般情况下应从后院安检口进入场馆，经工作人员签到处前往各自的工作地点。工作人员注册证件权限有严格的规定，不得进入超出各自注册权限的区域，如有紧急需要，可申请办理其他区域的证件。

3.3.3 场馆运行分区

在上述七类客户中，除观众为持票客户外，其他客户均为具有注册资格的人员，即注册人群。这些人员需要持有相应的证件才能进入场馆。进入场馆之后，各类客户群也有各自的活动区域，不能在场馆内随意穿行。可以说，合理划分这些活动区域，是有序组织场馆运行各项工作的基础。

一般情况下，对竞赛场馆要进行前院、后院划分。前院为观众活动区，后院为持证人员活动区。一般情况下，场馆前院与后院要用硬质围栏分开，以避免持票观众与持证人群混行。划定场馆前院与后院是场馆分区的第一步，之后，要进行更细致的分区。

竞赛场馆内位置接近、功能相关的空间可划分为一个运行分区。竞赛场馆的运行分区包括比赛场地区、观众活动区、体育竞赛区、新闻运行区、电视转播区、场馆礼宾区、仪式及文化活动区、场馆运行区、安保及交通运行区共九个。每个运行分区可以用一种颜色来代表。

3.3.4 注册分区

注册分区是为了对赛事注册人员在场馆内的通行进行控制而划定的区域。每个注册人员身上都要佩戴身份注册卡。

在身份注册卡下方明显标注出了场馆内通行分区代码，只有取得了某一分区通行权的人员才能获准进入该区域。以大型综合赛事为例，竞赛场馆注册分区分为红区（场馆运行区）、蓝区（体育竞赛区）、白区（公共流通区）、2 区（运动员准备区）、4 区（新闻运行区）、5 区（电视转播区）、6 区（贵宾座席区），共七个区。在划分注册分区的同时应确定验证点的位置。

场馆看台也要按照一定的规定进行分区。看台分区不同于上面所说的注册分区，一般情况下，需要为贵宾、文字记者、摄影记者、广播电视人员、本项目技术官员、运动员和随队官员等注册人员预留一部分座席，其余座席可以向公众开放售票。

场馆内还有一些高等级控制的重要区域，进入这些区域需要“辅助通行控制物”，比如进入比赛场地的媒体记者要身着摄影、摄像背心，进入兴奋剂检查站要换取临时专用证件。

各注册分区和看台分区之间要利用建筑物隔墙或者临时围栏加以区分，在分区交界的通道处由保安人员负责查验证件，这些位置称为证件查验点。严格管理这些证件查验点，有序控制人员通行，是场馆内最基本的日常工作。下面以球类赛事为例，介绍主要服务流程。

（1）停车场服务流程（图 3-2）。流线解析：车辆由体育馆外广场进入体育馆，此处提供车辆验证服务，查验球员、官员、贵宾车辆相关证件，同时此处安排工作人员和志愿者，引导各类车辆停放在指定位置。VIP 车辆安排设置 2 条流线停放：第一种方案是由南门进入后往北直行 60 米向右转弯进入 VIP 停车场，第二种方案是从南门进入后向右转弯进入体育馆前院，然后通过引导进入 VIP 停车场。球员、官员、贵宾车辆在 VIP 停车场接受安全秩序服务和车辆引导服务。其他车辆由南门进入后右转进入体育馆前院，在前院接受组委会提供的安全秩序服务同时接受车辆引导服务，引导社会各类车辆按秩序停车，另外一部分车辆进入场馆前院后，驶向场馆东门，在此按秩序停车（如提供餐饮的车辆停放在此处）。

应用案例

图 3-2 停车场服务流程

（2）球员服务流程（图 3-3）。流线解析：球员车辆在 VIP 停车场停放后，参赛的球员由体育馆西门贵宾入口进入场馆，球员在图示❶处查验证件，并由礼宾志愿者引导前往运动员休息室。在运动员休息室（图示❷），球员可以获取相关比赛信息，接受竞赛信息服务，同时提供球员食品和饮料服务。休息后由礼宾人员引导球员进入球员服务中心，球员在图示❸处签到并预约练习厅练球。球员预约练习厅后由志愿者引导进入图示❹处（球员练习厅），球员在练习厅进行热身练习。比赛开始前，球员在志愿者的引导下进入竞赛场地，在竞赛场地，志愿者为球员提供必要的竞赛服务。球员比赛结束后，由志愿者引导球员抵达新闻中心，工作人员保障球员顺利接受记者的采访，在采访过程中为球员提供交传语言服务。赛事过程中，餐饮中心提供必要的餐饮服务。

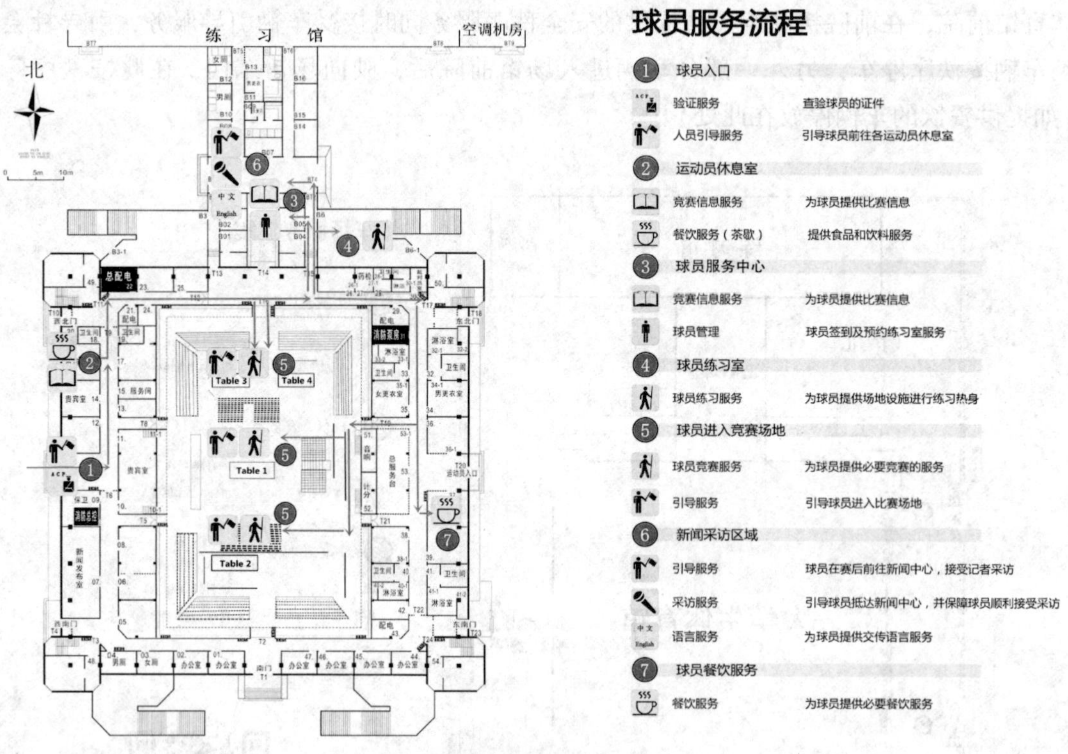

高清原图

图 3-3　球员服务流程

(3) 贵宾服务流程（图 3-4）。流线解析：贵宾车辆停放在 VIP 停车场后，由礼宾志愿者引导贵宾由体育馆西门贵宾入口进入贵宾休息室，并在入口处接受验证服务（图示❶）。贵宾进入贵宾休息室后，礼宾人员为贵宾提供餐饮服务，包括茶歇、食品和饮料等，贵宾可以在休息室了解相关比赛信息。比赛开始前，由礼宾人员引导贵宾按照图示❸所示，至贵宾看台出席相关活动并观赏比赛。

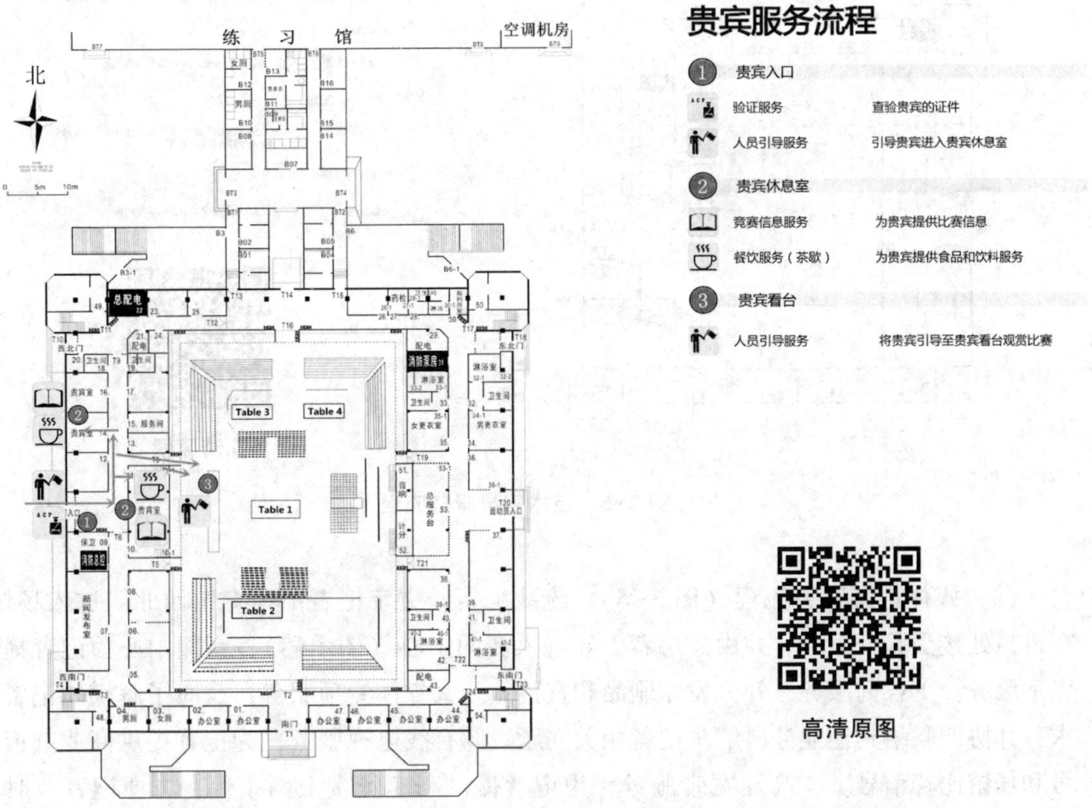

图 3-4　贵宾服务流程

(4) 技术官员服务流程（图 3-5）。流线解析：技术官员的车辆停放在 VIP 停车场后，由工作人员引导技术官员进入工作区域，并在贵宾入口接受验证服务，之后由礼宾人员引导技术官员进入球员服务中心、技术官员服务中心（图示❷），语言类志愿者及工作人员在服务中心为技术官员提供语言翻译服务并协助其办理相关事务，同时技术官员在服务中心获取赛事信息。比赛开始前，由志愿者引导技术官员进入比赛场地（图示❸）并为技术官员提供现场竞赛监督服务。比赛结束后，引导技术官员进入新闻采访区域（图示❹），并为技术官员提供语言翻译服务。采访结束后，技术官员在餐饮中心就餐（图示❺）。

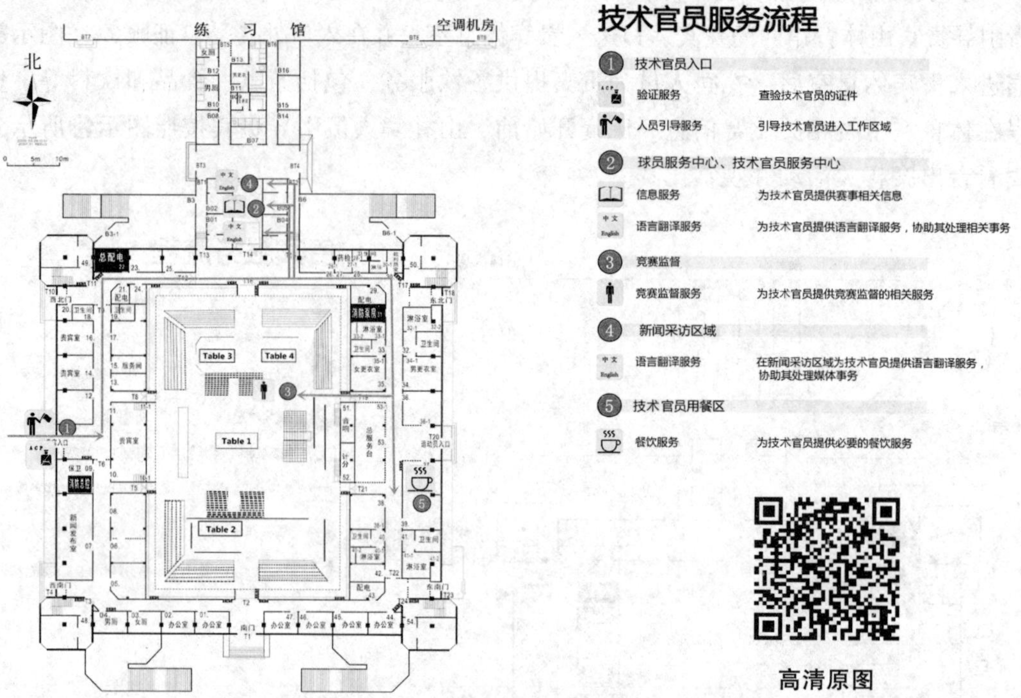

图 3-5　技术官员服务流程

（5）媒体记者服务流程（图 3-6）。流线解析：文字记者由体育馆西北门进入场馆，在进口处接受验证服务，并由志愿者引导进入新闻中心（图示❷），新闻中心为记者提供以下服务：①咨询服务，并分发印刷品和宣传品。②媒体专项服务，及时了解媒体记者需求，并协调联络其他业务口解决记者相关问题。③有线电视服务，为记者提供商业频道信号和场馆比赛信号。④高速宽带服务，为记者提供高速宽带上网条件，方便记者及时上传、下载相关报道。⑤比分通报服务，为记者提供即时赛事比分，方便记者发布及时报道。⑥语言翻译服务，为记者在新闻发布会等活动中提供多语种翻译服务。⑦为记者提供必要的餐饮服务。⑧为记者提供各种报道素材及官方图片服务。

摄影、摄像记者由体育馆西南入口进入场馆（图示❸），记者在此接受验证服务并由工作人员引导进入比赛场地摄影、摄像区（图示❹），记者根据比赛进程进行拍摄，在比赛过程中为摄影、摄像记者提供胶片、磁盘递送服务，电视转播工作人员在电视转播工作区域（图示❺）对比赛全程进行直播和录播。

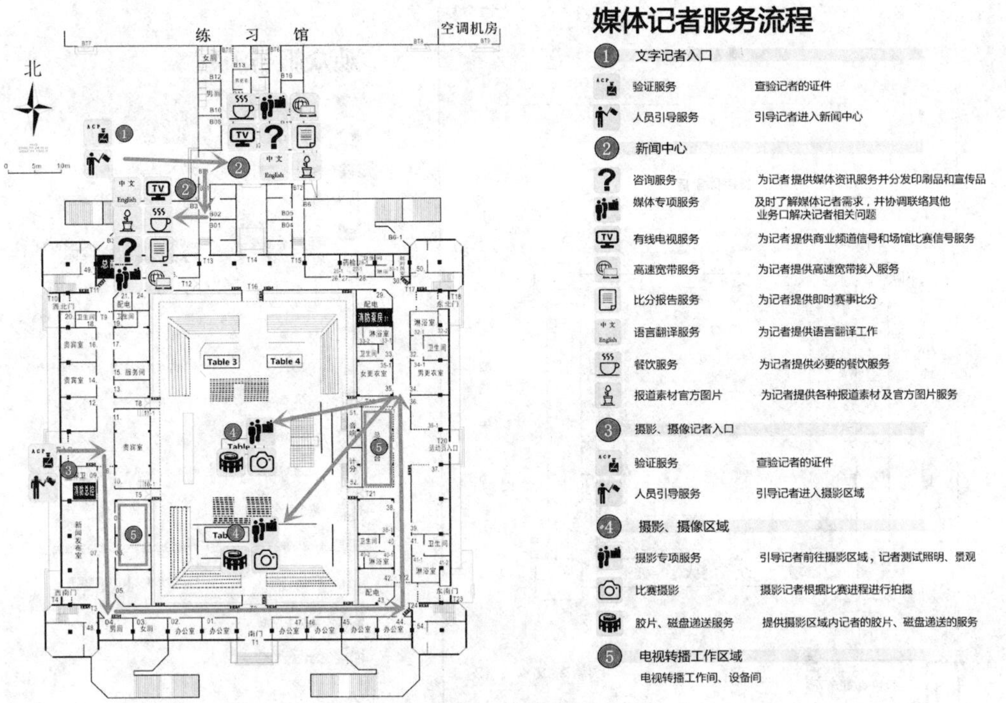

高清原图

图 3-6　媒体记者服务流程

（6）观众服务流程（图 3-7）。流线解析：图示❶为外围场地入口，观众在外围场地接受如下服务：①引导服务，工作人员引导观众在体育馆售票处购票并排队入场。②安全秩序服务，工作人员维护现场秩序，引导观众有序入场。③票务服务，在场馆南门设置赛事公告栏，为观众提供票务信息和赛事信息。④寄存服务，为观众寄存不便带入座席区的背包、婴儿车或其他大件物品、限制性物品。

持票观众也可由南门进入场馆，观众进入场馆前院后，由工作人员及志愿者引导，根据票面座位信息分别在体育馆南门和二层西北门（图示❷）进行安检、验票，志愿者引导观众对号入座（图示❸），场馆二层南侧为商务服务区，赞助商商品在此展卖，这里也销售比赛纪念品。场馆西南侧和西北侧设置 2 个公共卫生间，供观众使用。

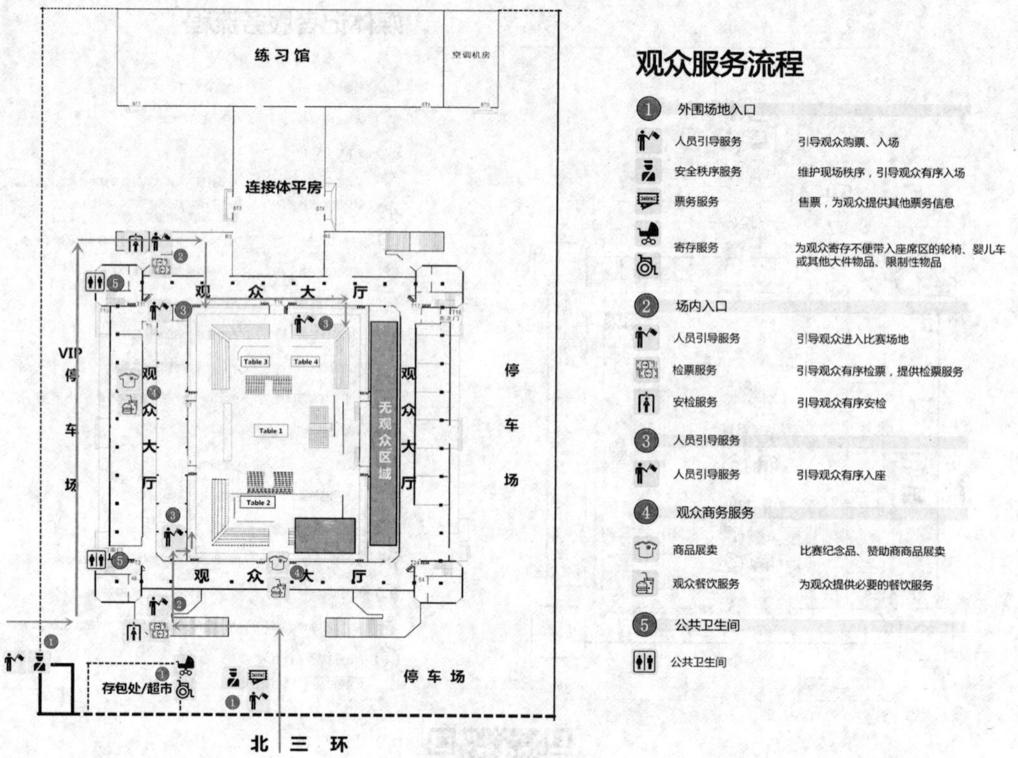

高清原图

图 3-7 观众服务流程

4　体育场馆人力资源配置

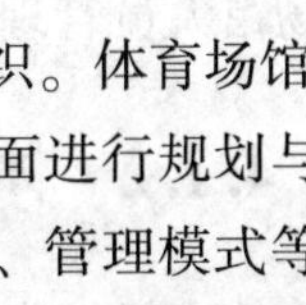

案例导航

4.1　体育场馆人员规划

简单来说，规划就是对事物从开始到结束的各个方面做一个系统的组织。体育场馆人员规划同样如此，在涉及体育场馆人员管理问题时，要对人员管理的各方面进行规划与设计，从体育场馆的运营模式、运营项目、开放时间、工作时长、开放项目、管理模式等各方面出发，规划设计出一系列场馆人员管理方案，如体育场馆赛时所需人员、日常开放所需人员、全民健身所需人员、市场营销所需人员，人员招聘、人员培训、人员管理、人员调配、人员薪酬以及绩效考核等多方面的体育场馆人员管理方案。另外，在对体育场馆人员规划的过程中，需要体现对市场需求变化的预测，从而能够在不同阶段都有相应的应对措施来满足体育场馆的需求。

随着竞技体育的不断发展与壮大，以及全民健身活动的广泛开展，国家、社会、人民、市场对体育场馆提出了新的要求，体育场馆人员管理的理念、场馆运营模式和经营内容也在进行着快速更新。特别是《国务院关于加快发展体育产业促进体育消费的若干意见》(国发〔2014〕46号）文件的颁布，让体育产业的概念脱颖而出，瞬间受到了多方面的关注，各方资本相继涉足体育产业，使现有的体育产业体系更加合理，结构更加完善，主次更加分明。体育场馆作为体育产业中重要的一环，同样得到了爆发式的发展，伴随而来的是对体育场馆提出了新的要求和目标。这不再是体制内体育场馆员工“坐、等、靠”的时代，而是根据市场需求来决定场馆是“生存”还是“毁灭”的时代，体育场馆管理者不得不思考，是否改变原有的人员管理模式，创建新的人员管理制度来适应时代的变化，应对当今市场全新的挑战。

如今体育市场的竞争实质上是对体育人才的竞争，体育场馆更是如此，体育场馆的人才资源直接影响着体育场馆能否在体育产业蓬勃发展的时期紧跟步伐，快速发展。对于体育场馆人员管理而言，如果没有一个清晰的策略与规划就显得“步伐不稳”、方向不明。因此，进行有效的体育场馆人员规划就变得迫在眉睫、尤为重要，它将直接影响体育场馆的经营以及场馆未来的发展方向和战略布局。

4.1.1 体育场馆人员规划的定义

体育场馆人员规划就是要让体育场馆管理者清楚体育场馆需要多少员工——赛时需要多少，正常开放需要多少；每个员工需要什么技能、经验、能力；场馆现在的员工中哪些具备这样的能力，哪些没有具备但可以通过培训来实现；体育场馆要招聘多少人、什么时候招聘、招聘什么样的人；当经营效益不理想，机构臃肿时需要怎么办；如何充分挖掘员工的潜力，现有场馆人员能否满足体育场馆发展需要；等等。

在体育场馆人员规划正式实施之后，要随时根据体育产业的发展现状和体育场馆的运营目标，对体育场馆人员规划进行有效的评估和反馈，从而对人员规划进行必要的修改和完善，使人员规划更好地发挥其功能，符合大环境的需要和场馆自身发展的需要，提高体育场馆人员管理的水平。

4.1.2 体育场馆人员规划的目标

体育场馆人员规划的目标，就是为了人力资源管理的有效进行，保证体育场馆运营管理所需要的各方面人才配备的合理性，减少人力资源的浪费和不合理利用，充分利用现有体育场馆人员资源，预估体育场馆各方面人才的变化，保证体育场馆人员的高效供给和体育场馆的正常运营。打造一支训练有素、技术过硬、经验丰富的体育场馆人员团队，培养一批“通体育、懂经营、善管理、知法律”的体育场馆管理人才，提高体育场馆人员的工作能力，发挥自身造血功能。

4.1.3 体育场馆人员规划的作用

4.1.3.1 为体育场馆人员供需变化做准备

体育场馆运营管理是一个不断发展变化的过程，市场的变化、经营理念的更新、管理模式的变更、经营内容的创新都直接影响着体育场馆运营管理所需人员的情况，而体育场馆人员规划正是提前预测各种情况变更时场馆人员的供需变化，从而做到未雨绸缪。

4.1.3.2 明确岗位所需

体育场馆人员规划能够分析场馆运营所需要的各方面人员的不同技能和能力。设施设备的维修保障所需要的技术人员，如计时记分人员、音响师、灯光师、电工、水暖保障人员等；场馆运营所需要的运营人员，如运营部经理、值班经理、市场开发人员、智能场馆系统研发人员、教练员、健身指导人员、体质监测人员、数据分析人员、前台、安保等；场馆管理所需要的管理人才，如人员招聘、工资发放、值班安排、市场运营、群众健身等。这些体育场馆运营的各部门、各层次的人员所需要的技能和能力都会在人力资源规划中体现出来。体育场馆人员规划体现了体育场馆运营管理需要什么样的人才，场馆具备什么样的人才、欠缺哪方面的人才、招聘哪方面的人才、培训哪方面的人才等，从而为之后体育场馆人员的招聘和培训提供参考。

4.1.3.3 分析人员分配是否合理

在做体育场馆人员规划的过程中，会对现有场馆人员分配利用状况进行深度的解剖，从而对一些不合理的现象进行修正和改进。体育场馆人员规划体现了每个场馆岗位需要什么样的场馆人员，以及所需人员的数量，以便查看现有员工的分配情况以及员工的安排，是否做到“物尽其用、人尽其才”，最大化地实现体育场馆人员的利用，减少人员浪费。

4.1.3.4 提高体育场馆人员的工作积极性

体育场馆人员规划中不可避免地涉及员工最为关心的待遇问题。在体育场馆人员规划中的每一个员工都是场馆的必备人员。为了留住场馆运营所需要的各方面人才，体育场馆人员规划中应制定合理的待遇来留住场馆员工，提高场馆员工的工作积极性，端正员工的工作态度，使体育场馆员工可以全身心地投入体育场馆的工作。

4.2 体育场馆人员的工作岗位

在对体育场馆人员进行招聘前，首先要明晰场馆目前的人员配备情况，找出人员短缺的工作岗位；同时也要明确各个工作岗位的工作内容、工作规范，并对各个工作岗位进行岗位描述。

4.2.1 岗位描述

体育场馆岗位描述就是对岗位人员的工作内容、工作职责和工作条件进行说明，让体育场馆的新老员工能够明确工作的所处位置、性质和内容，从而更好地服务于体育场馆工作。岗位描述包括以下几个方面的内容（表4-1）。

表4-1 岗位描述

分类	基本内容
岗位名称	指所从事的是什么工作
岗位活动和程序	指工作内容、工作职责、工作所需的设施设备和工作流程
工作条件和物理环境	指工作的温度、湿度、光照、通风、噪声、安全级别、位置等
社会环境	指工作所处的团队氛围、同事关系和各部门的关系等
职业条件	由于人们经常根据职业条件来判定和解释职务描述中的其他内容，职业条件包含工作的多方面特征：薪酬、福利（五险一金、带薪休假等）、工作时间、工作环境、在职培训、该工作在体育场馆的岗位以及与其他岗位的关系等

有效的岗位描述对体育场馆管理者进行人员管理提供了多方面的帮助和建议。其主要体现在以下五个方面。

①体育场馆管理者可以通过岗位描述对体育场馆人员进行招聘、调动和选拔。②体育场馆管理者可以把岗位描述的工作技能、条件、内容作为人员薪酬的主要依据。③岗位描述是体育场馆人员考核标准的主要依据。④岗位描述涉及了工作的主要内容，以及所需的工作技能、条件、能力、知识等，管理者可以根据工作岗位的描述对体育场馆人员进行有针对性的培训。⑤有效岗位描述能够让场馆管理者明晰哪位员工更适合该岗位，从而进行适当的培训和调配。

4.2.2 工作规范

工作规范是指员工为了完成某项特定的工作须具备的知识、能力、技能等要求。

体育场馆人员尤其需要工作规范来做指引。在对某项工作进行招聘时，要清楚地明白岗位员工需要具备什么样的技能和能力及其他特殊要求，如场馆的设施设备维修维护所需的专业技能、智能场馆系统需要的计算机知识、市场开发人员需要的经济学和营销学知识、管理人员需要的管理技能等。另外，员工也可以根据工作规范对目前自身的工作情况和工作能力做必要的调整。因此，工作规范对人员招聘工作以及员工自身工作的认识帮助很大。

工作规范一般包括以下基本信息，如年龄、性别、学历、工作经验、身份等基本要求，身体健康状况、身体协调能力以及灵敏度等生理要求，沟通能力、表达能力、社交能力、学习能力、理解能力、抗压能力、专业技术能力、事业心、团队精神、责任心、领导能力等能力要求。有的工作存在特殊要求，需要夜间工作或者地下室工作，比如夜间值班人员、游泳池（馆）的管理人员。

4.2.3 场馆人员岗位及工作内容

随着体育产业结构的不断完善，人们对体育场馆的需求也在与日俱增，体育场馆的经营环境也在快速发生着变化，其经营内容和运营管理模式的改进带来了许多新的体育场馆工作岗位，如市场部为了增多入馆健身人群和体育赛事而增加市场开发人员，“互联网+”体育催生的体育场馆智能系统研发人员、数据分析人员等，还有一些工作不能详尽地列出。在特定的时间、特殊的工作任务下，分工会有所变化。

体育场馆的运营管理需要多方面的工作人员，不同的体育场馆所包含的工作内容有所不同。一般体育场馆所需要的工作人员包括灯光师、音响师、计时记分操作员、空调设备管理员、贵宾服务员、值班经理、场地值班员、开票收款员、商品部工作人员、保洁人员等。

4.2.3.1 灯光师工作内容

（1）灯光设备的使用、维修、保养。定期对各环节、各项目进行维护。

（2）因灯光设备从启动到正常光照需要一定时长，应根据需要提前开启。

（3）确保灯光设备的正常运行，遇到无法解决的问题，要及时向上级领导汇报。

（4）做好与上级供电部门的沟通联络，以确保市政电网的正常运行。

（5）按照灯光设备操作流程及注意事项操作，确保工作间的环境卫生。

（6）保持与赛事方、活动方及全民健身爱好者的良好沟通与配合。

（7）满足不同比赛项目、不同活动的灯光需求。

4.2.3.2 音响师工作内容

（1）音响设备的使用与操作、检修与维护。

（2）使用之前应对音响设备进行调试与检查，特别是服务大型活动时。

（3）认真配合不同比赛项目、不同使用情况的音响需要，如赛事、演出、全民健身等。

（4）保持与赛事方、活动方及全民健身爱好者的良好沟通与配合。

（5）确保音响设备的正常运行，如音响设备故障，短时不能解决，要提前向其上级领导汇报。

（6）定期将音响设备的运行情况向上级领导报告。

（7）保持音响工作间的环境卫生，并严格执行操作规范和流程。

4.2.3.3 计时记分操作员工作内容

（1）计时记分设备的控制、操作，并定期对其进行维护。

（2）使用之前对计时记分设备进行调试与检查，保证比赛的正常进行。

（3）确保计时记分设备的正常运行，遇到无法解决的问题，要及时向上级领导汇报。

（4）编写计时记分操作流程，保证工作环境的卫生。

（5）保持与赛事方、活动方的良好沟通与配合。

4.2.3.4 空调设备管理员工作内容

（1）空调设备的操作与使用，定期对其进行清洁与维护。

（2）由于空调设备启动时间较长，要提前启动空调设备，并保证不同比赛项目、不同活动的温度需求。

（3）确保空调设备的正常运行，遇到无法解决的问题，要及时向上级领导汇报。

（4）定期将空调设备的运行情况向上级汇报。

（5）编写空调设备操作流程及注意事项。

（6）保持与赛事方、活动方的良好沟通与配合。

（7）根据实际需要运行空调设备，注意节能。

4.2.3.5 贵宾服务员工作内容

（1）依照贵宾服务的要求检查自身仪表、着装。

（2）工作时保持微笑，注意礼貌。

（3）保证所处环境的卫生。

（4）了解贵宾行程的基本路线及休息时间。

（5）尽可能地解决贵宾所遇到的问题。

（6）保护贵宾的隐私。

（7）服从领导的安排，保证工作内容的圆满完成。

4.2.3.6 值班经理工作内容

（1）在运营期间，管理、调配、监督、奖惩所有场地值班人员。

（2）每日召开班前例会，布置当日工作，督促各岗位值班人员着装整齐、佩戴胸牌、携带对讲机。

（3）运营前查看上一班的“值班记录”，带领值班人员巡视经营区域，检查设施、环境。

（4）值班时以服务台为中心，以“值班表”“岗位职责”为依据，监督、巡视、协调各岗位的工作。

（5）注意防火、防盗，严格执行馆内禁止吸烟等各项规定，维持顾客活动秩序。

（6）发现安全隐患及时处理并上报，快速、妥善地解决突发事件。

（7）督促开票人员填写“场地预订表”，检查并核对有无错误。

（8）根据需要开闭馆内及馆外灯光，节约能源。

（9）运营结束后，关好门窗，切断有关电源，做好“值班记录”，检查、巡视体育馆有无异常现象。

4.2.3.7 场地值班员工作内容

（1）按时间要求，提前打开各场地门。上岗后首先检查本岗设施设备，接受值班经理的领导，认真、仔细地根据顾客持有的票证，引导安排场地，善用广播设备，通知顾客按号入场、到时退场等事宜。

（2）上岗前阅读“值班记录”，检查卫生、器材、场地线路状况，及时清理、调整、修补。

（3）检查场地卫生、器材情况，打扫卫生、清理杂物。

（4）做好提醒服务，耐心劝说顾客遵守场馆相关规定，如“馆内禁止吸烟”等。

（5）经常巡视场地，及时发现并劝阻、制止顾客的不文明行为，及时处理突发事件，及时向值班经理报告。

（6）注意防火、防盗、防破坏，维护体育馆设施、财产安全。

（7）下班前应认真填写“值班记录”，提醒下一班应注意的问题。

4.2.3.8 开票收款员工作内容

（1）上岗前应阅读“值班记录”，了解上一班的交接情况，及时解决遗留问题，并检查补充各种票卡等。

（2）上岗后首先检查本岗设施设备，如发现安全隐患及时处理并上报。

（3）早班人员应及时填写“场地预订表”，并认真核对有无错误。

（4）开票、收款、结账时，要仔细认真，“唱收唱付”，与顾客当面结清票款。

（5）接听经营服务电话，热情、耐心、详细解答顾客疑问。

（6）预订场地时要向顾客确认时间、数量、编号等内容，并留下联系电话。

（7）账目要真实完整，账款一致，按规定及时上交。

（8）下班前认真填写“值班记录”，提醒下一班应注意的问题。

4.2.3.9 商品部工作人员工作内容

（1）确保所售商品的质量与价格。

（2）维护商品部的环境卫生。

（3）保证商品的充足。

（4）定期对商品部运营情况进行总结并汇报。

（5）核算每日运营情况。

（6）保证商品部的良好服务。

4.2.3.10 保洁人员工作内容

（1）按照保洁人员的行为规范自查仪容仪表，积极参加班前会，牢记当日具体任务。

（2）根据任务内容领用物料。

（3）按照卫生要求及操作标准对所属区域进行卫生清洁。

（4）服从上级安排，随时接受上级的检查及指导。

（5）熟悉工作岗位的所有设备情况，如有破损或异常及时上报。

（6）工作完毕后将所有工作用品进行清洁并存放到指定位置。

在对岗位描述、工作规范、工作岗位进行多方面分析之后，就可以从所缺岗位需要的年龄、学历、技能、知识、能力、经验等多方面来考虑进行招聘工作。

4.3 体育场馆人员招聘

体育场馆人员的招聘要具有前瞻性。避免在场馆急需用人时才进行人员招聘，同时也要避免因对人员的迫切需要而降低招聘的要求，影响体育场馆招聘工作的目标。体育场馆经营战略的调整、场馆业务的增加、场馆人员的流动都会对招聘工作提出新的要求。因此，体育场馆人员招聘工作要考虑到这些方面的变动引起的需求变更，从而保证人员招聘工作的高效进行。

体育场馆人员招聘，一是为了弥补场馆运营所需人员的不足，二是为体育场馆未来发展做好人才储备。根据体育场馆人员规划、工作内容、工作规范等多方面实际，从体育场馆内部或者外部招聘体育场馆运营管理所需要的人员。成功的人员招聘不仅能够满足体育场馆运营管理的人员需求，而且可以招聘到一批稳定、有事业心、能吃苦的员工，有效降低场馆的人力资源损失，稳固体育场馆的发展及运营效益。

应用案例

4.3.1 招聘应注意的问题

（1）坚持公平、公正，无论任何渠道的应聘者都要为其营造公平竞争的应聘环境，择优录取。不可因为招聘人员的个人情感而有失公平，公平的招聘环节同时也是体育场馆自身良好形象的体现。

（2）坚持遵法守法，遵守国家法律法规，如禁止使用童工、禁止性别歧视、同工同酬、保证《中华人民共和国劳动法》所规定的员工合法权益等。

（3）坚持合理招聘，根据岗位需要招聘符合要求的员工，避免人不配岗。

（4）避免任人唯亲，通过公司员工介绍的应聘者，保证对其进行全面的考察之后再进行决策，同时也要避免介绍人直接参与招聘工作。

4.3.2 招聘的工作流程

体育场馆人员招聘工作主要包括人员招募、甄选和聘用等内容。所谓因事择人，是指在人员招聘过程中要以实际工作的需要和岗位的空缺情况为出发点，选聘工作人员。

4.3.2.1 制订招聘计划和策略

体育场馆人员的招聘计划要与体育场馆的发展目标、运营策略、经营内容和岗位规划相匹配，招聘计划的最终目的就是要让招聘工作高效、保质、保量地进行。基于此，对体育场馆招聘工作进行安排，主要包括确定招聘岗位、招聘数量、对应聘者的要求、招聘信息的发布时间和发布渠道、招聘的方式方法、招聘预算、面试官、面试地点等。

4.3.2.2 确定招聘渠道

招聘渠道分为外部渠道和内部渠道两种，外部渠道主要包括招聘会、校园招聘、人才中介、媒体（广告、微博、微信、场馆网站等）招聘、建立实习基地等。内部渠道主要是系统内部发布通告和员工推荐。

（1）外部渠道。招聘会招聘是企业采用最多，相对比较传统的一种招聘方式，其优势在于可以省去网络招聘筛选简历的烦琐工作，现场对应聘者的简历进行查看，并通过交谈了解应聘者在简历中未能体现出来的有效信息，避免对人才的误判。对于其他渠道的招聘来说，招聘会招聘的优点在于不需要企业单独进行招聘的宣传，一般是交纳一定的摊位费用，招聘会的宣传由承办方来进行，因此招聘会的成本相对比较低，工作有效性比较高；招聘会招聘的不足在于覆盖面比较窄，其辐射半径有限，一般应聘者都是来自招聘会现场周边，不能很好地吸引更多优质资源。对于招聘会覆盖面的限制，可以通过人才中介网站和体育场馆自身的网站进行人员招聘来弥补，同时还可以通过社交媒体来进行招聘，如微博、微信上的招聘推广等。社交媒体的大范围、深层次的兴起，其所产生的效果已经大大超出我们的预期，网络招聘的方式没有区域限制，其覆盖面积广、辐射人群多、时效性强，招聘工作相对简单化，可以在较短时间内接收到大量的应聘申请。

建立实习基地也是体育场馆招聘员工的一种方式，体育场馆管理者通过与岗位对应院校签订实习就业合作伙伴协议，由协议学校在校园内部对即将毕业的学生发布招聘信息；对于在学校有良好表现，相对符合体育场馆所需要求的学生，也可以通过学校推荐的方式到体育场馆进行实习，其实习待遇在与学校方面进行充分协商之后确定。例如，某大学场馆管理中心与某职业技术学院共同建立实习基地，由某职业技术学院选派该学校的实习生到某大学场馆管理中心实习，并由场馆管理中心对实习者进行工作培训与指导，提高学生的动手能力，实现学生理论知识向实践应用的转变。实习期满之后由场馆管理中心相关负责人对实习生的实习工作进行评价并提供相关的实习证明。

校园招聘可以通过在学校张贴招聘公告、举办招聘讲座或者是参加学校的毕业生招聘会等方式来进行。校园招聘渠道很大程度上保证了应聘者的学历和知识结构，根据体育场馆具体岗位的需求来招聘对应的专业技能人才。虽然校园招聘难以招聘到经验丰富的应聘者，但大学生的发展潜力、创造力可以给体育场馆运营管理带来一些创新性的管理理念，为体育场馆运营注入新的发展动力。但也正因为这些特点造成了校园招聘的员工离职率高，到职率低，培训费用所需甚大，缺乏经验，需要经过一定时间才能正常工作等问题。

（2）内部渠道。体育场馆内部渠道招聘主要通过系统内部发布通告和内部员工推荐来进行。针对内部员工的招聘主要通过内部公告来公布相关招聘信息，员工通过公平竞争实现岗位的调换和晋升，有效地调动了员工的积极性，营造了良好的竞争机制和晋升通道，激励员工更加努力地工作。另外，通过内部招聘的员工对体育场馆本身的运营情况和工作环境较为熟悉，减少了培训的时间和内容，加快了员工的到岗速度。但系统内部招聘的员工容易造成“近亲繁殖”，会阻碍体育场馆的良好运营；缺少新思维的注入，创新能力不足；沿用旧的工作方式方法和思维习惯，不利于体育场馆对运营管理机制的创新。

通过体育场馆系统内部员工介绍应聘者，也是体育场馆内部招聘渠道招聘员工的一种形式。此种招聘形式的优点在于应聘者和体育场馆管理者都可以通过介绍人来了解彼此的情况，双方掌握的信息相对来说比较透明，通过体育场馆内部员工的真实介绍，一定程度上减少了体育场馆管理者对于应聘者的考查工作，同时应聘者也可以通过体育场馆员工对体育场馆工作的介绍，了解体育场馆的真实情况，利于应聘者从多方面考虑工作的可行性，从而作出理智的抉择。

4.3.2.3 发布招聘信息

在确定好体育场馆所需人员的情况下，场馆招聘负责人就要考虑招聘信息的公布以及招聘渠道的确认，根据岗位实际所需，确定招聘渠道，也可以优先考虑是否能够通过内部招聘解决，如果不能解决则考虑采取哪种外部招聘渠道来进行，这些都要根据所要招聘人员的数量、岗位性质、招聘预算来确定。招聘信息应包括场馆名称、场馆简介、工作描述、工作地点、工作时长、应聘者要求、薪资待遇、联系方式等，参见表4-2。

表4-2 某游泳馆的招聘信息

内容分类	具体信息
工作描述	游泳馆现招聘专职救生员5名
应聘者要求	必备救生证，学历不限，男女不限，年龄30岁以下
薪资待遇	月工资面议，提供职工宿舍
工作时长	8小时/天
联系地址	游泳馆综合部
联系人	李老师
联系电话	××××2338

4.3.2.4 甄选

甄选主要是对体育场馆应聘者的条件进行初步的审核，包括对知识储备和工作经验的筛选、面试环节、心理能力测试、背景情况和所提交材料的真实性考察、甄选决定、安排体检等内容。

体育场馆对应聘者进行初步的审核，主要是对应聘者情况是否符合岗位的基本要求进行审核，如应聘者的年龄、学历、性别、经验、技能等。对应聘者的初步审核主要通过以下几个途径来进行：① 应聘者所填写的工作申请表、应聘者简历等。内容主要包含年龄、性别、学历、技能、工作经验等信息。② 推荐表等相关材料，部分应聘者是合作高校或者是体育场馆运营管理方面的专家推荐而来，可以通过推荐材料对应聘者的情况进行基本的了解。③ 调查材料，体育场馆相关负责人通过应聘者之前所在高校或工作单位了解应聘者的相关信息。

在应聘者的申请表、简历等相关材料符合基本工作规范的情况下，下一步是通知应聘者进行面试，安排面试。通过面试时的自我介绍和交流可以对应聘者有一个更加充分的了解，明确其是否符合所需岗位的工作规范，了解其沟通能力、表达能力、应变能力、综合分析能力、专业技能、工作经验等情况；了解其上份工作的情况、辞职原因、工作业绩、求职动机；了解其精神面貌、言谈举止等，为后续的甄选决策提供依据。面试环节结束后，甄选决策进行前，还应对应聘者的背景、材料进行核实，避免出现隐瞒欺骗的行为。

4.3.2.5 录用

体育场馆的招聘负责人对应聘者各方面进行认证和评定之后，如符合体育场馆招聘岗位的工作规范和要求，招聘负责人根据岗位需要择优录取，做出最终的录用决定并通知其进行身体检查，如体检合格则进入最终的员工入职环节。

员工试用期的工作，可以让体育场馆管理者明确该员工是否适合所分配的岗位，其所具备的知识、能力、技能、经验是否是体育场馆运营管理所需要的，并对其发展潜力、道德修养、心理素质进行最终的考核。

在试用期结束之后，体育场馆管理者根据员工试用期的考核结果，决定是否继续签订正式的劳动合同；新员工也可以在试用期了解到所分配岗位的工作性质和工作内容，从而做出是否继续签订正式合同的决定。由于评价指标的主观性较强，因此要特别注重评价过程的公平性和公正性，避免主观错误的发生。试用期员工的考核评估可以参考以下几方面来进行：① 新员工的考勤状况。② 是否遵守体育场馆员工守则。③ 工作效率。④ 工作态度。

对体育场馆人员的录用过程通常分为签订试用期合同、培训、试用期结束正式签订劳动合同、正式录用等。正式的劳动合同一般包括工作内容、工作条件、工作守则、薪酬、变更和解除劳动合同的条件和程序、违反劳动合同的后果、劳动保护，以及双方的权利、责任与义务等。

4.3.3 招聘评价与总结

在体育场馆人员招聘工作结束之后要对招聘工作进行有效的评价与总结，主要包括招聘成本、招聘方法、招聘效率、招聘结果（录用人员）等。在总结中发现问题并提出解决方案，从而完善人员招聘工作的不足，提高招聘工作的效率。

4.4 体育场馆人员培训

应用案例

4.4.1 岗前培训

作为体育场馆的新员工，工作初期会对场馆的设施设备、内部的组织结构和人事关系、体育场馆所处环境等方面缺乏足够的认识和了解。

通过对新员工的岗前培训，可以让员工真切地了解其工作内容、工作职责、工作方式方法、工作程序、考核标准、工作环境等信息，从而让员工能够顺利地适应工作岗位和工作环境，尽快进入工作状态。

培训的内容是关键，内容既要凸显重点，又要避免枯燥，要深入浅出，通过浅显易懂的讲解方法让员工对培训内容熟练掌握。新员工经过培训后，要尽量在观摩老员工工作一周之后，再进行实操作业。实操作业前期要有相关人员对其进行指导、监督。

岗前培训的培训对象既包括新员工，也包括岗位调换的老员工。即便老员工对工作环境、工作内容、工作程序有一定的了解，但因为岗位调换之后的工作性质已经发生了变化，因此需要按照新岗位的新要求对其进行培训，避免因固化思维而造成不必要的损失。

4.4.1.1 企业文化培训

体育场馆管理者要注重企业文化的培养，大的企业必然异常重视企业文化的培养和员工对于企业文化的认同，因此在员工培训第一课时，讲的通常不是工作技能、工作规范、工作内容，也不是薪酬待遇和绩效考核，而是企业文化——体育场馆文化。

企业文化可以让体育场馆有清晰的发展目标，让员工有共同的努力方向。无论该体育场馆是以全民健身为主还是以盈利为主，是以体育培训为主还是以健康休闲为主，是以举办体育赛事为主还是以为运动员提供训练为主，体育场馆的管理者都要把树立体育场馆文化放在重要位置，要学会运用体育场馆文化，充分发挥体育场馆文化的作用，使体育场馆的每一位员工为体育场馆的共同目标而砥砺前行。

应用案例

4.4.1.2 岗位技能培训

岗位技能培训是培训的主要内容和方向，是能否深入挖掘员工潜力的关键。有效的技能培训能够让员工迅速进入良好的工作状态。通过培训也能够让员工很好地规避容易出现的工作误区，便捷、高效地获得岗位的宝贵经验。

4.4.2 在职培训

根据体育场馆培训的对象、岗位、数量、内容等实际情况，在职培训可以通过体育场馆内部或者外部的培训机构来进行。内部培训投入低、贴近实际、效果明显，而且很多培训的内容必须根据体育场馆自身情况编写，如场馆运营现状、部门结构、难点突破等场馆自身的问题，需要培训者详细了解该体育场馆的自身情况，但内容培训容易造成故步自封、视野狭窄、缺乏创新、脱离市场环境等问题。由培训机构来进行统一的培训主要是针对专业性较强的内容，如智能场馆系统、硬件设备的环保更新，新业态的引入等。场馆自身对这些内容往往缺乏足够的了解，因此需要培训机构进行专门的培训。

在职培训的主要目的在于提高员工的工作效率，完善场馆发展所需要的知识、技能、能力等，以便更好地协调场馆运营与发展。

4.4.2.1 在职培训的特点

在职培训具有以下特点。首先，能够做到边学习边应用，对培训内容能够很好地融会贯通，同时也能够把之前工作中遇到的问题在培训期间提出来，与培训老师一起探讨，从而得到有效的解决办法；其次，因为已经参与场馆工作一段时间，与各个部门员工或培训老师都已熟悉，更有利于培训期间的交流与探讨，从而提高培训的效率；最后，在职培训也可以把日常工作中摸索出的工作经验和创新性思想与大家一起分享、探讨，充分发挥团队的力量。

4.4.2.2 培训内容与方式

培训的内容和方式由培训部门根据实际情况来决定。培训的形式主要包括讲授法、视频录像法、讨论法、案例研讨法、岗位轮换法、师徒形式法等。目前有很多培训是通过参加体育场馆协会组织的或者公司举办的体育场馆运营管理培训班、体育服务认证培训班等形式来进行的，同样能够为场馆员工提供帮助，使其获得新思想、新技能。

对体育场馆员工进行培训，其培训材料主要为书本、视频、现场授课材料等。

体育场馆在举办特殊赛事前期也需要对场馆员工进行必要的培训，比如斯诺克赛事、冰雪赛事、奥运赛事等，前期要对场馆员工进行针对性的培训，如必要的英语培训、斯诺克基本规则培训、冰雪常识培训、奥运知识培训等。

4.4.3 培训评估与总结

培训的目的是挖掘员工的最大潜力，培训新知识、新技能，弥补不足，使体育场馆的运营与管理更加合理，充分体现体育场馆的功能。然而在投入大量的人力、财力之后是否达到了想要的效果，是每一个培训组织者最为关心的。因此，对培训做有效的评估与总结就显得尤为重要，不仅能够总结经验，发现问题，为下次培训奠定更加坚实的基础，而且适当的总结可以让每一个培训参与者切身感觉到培训给自身所带来的改变，将其更有效地运用到日常工作当中。

培训的评估对象主要是培训老师、接受培训人员以及培训本身。可以通过访谈、问卷、员工工作情况等方式来对这次培训进行评估与总结，从而发现问题、解决问题，使下次培训更加完善。

4.5 体育场馆人员绩效管理

在体育场馆的运营管理中绩效管理至关重要。体育场馆人员绩效管理是指体育场馆管理者与员工之间为达成整个体育场馆的绩效目标所采取的手段和方法。

绩效管理的内容主要包括制订绩效规划、绩效实施与管理、绩效考核、绩效反馈四个部分（表 4-3），在进行绩效反馈之后又可以对最初制订绩效计划提供建议，使其更加完善。整个绩效管理的过程最重要的当属绩效考核。

表 4-3 绩效管理

绩效管理步骤	内容
制订绩效规划	在绩效目标的基础之上制订绩效计划
绩效实施与管理	被考核者要完成本职工作；同时各部门考核者也要为被考核者提供指导和帮助；各部门考核人员审查被考核者的工作表现及完成的工作业绩并记录
绩效考核	各部门考核者根据被考核者的实际表现对其进行评估；确保考核的真实性和公平性
绩效反馈	通知被考核者考核结果，对被考核者的优点与不足进行认真分析，针对被考核者有待提高的内容和绩效管理过程中出现的不规范、不合理行为，制订改进计划

4.5.1 绩效管理的作用

应用案例

4.5.1.1 提高体育场馆员工的积极性

有效的绩效管理能够提高体育场馆员工的工作积极性，使员工能够明确自己在工作岗位中所做出的成绩和努力，时刻感受到努力之后收获的喜悦。在对员工日常的工作表现、工作成绩、工作态度、工作环境进行充分公平的考核之后，绩效考核结果可作为对员工薪酬确定和职业生涯规划的重要依据。同时，有效的绩效管理可以让员工充分地了解自己的工作能力、所处的工作位置以及工作中的优缺点，从而对自身工作有一个清醒的认识，以便对工作中的不足之处进行改进和提高，更好地完成绩效目标，提高自身获得感。

4.5.1.2 增强体育场馆员工队伍的凝聚力

体育场馆面临着日益激烈的竞争，需要不断地对场馆的工作效率进行提升，从而提高场馆自身的竞争力。场馆内各个部门之间良好的沟通和信任是提高效率的必要条件。体育场馆人员的绩效管理可以让员工明晰各个成员之间的薪酬和晋升是在公平、公正的前提下确定的，避免了员工之间在薪酬和晋升方面的互相猜忌和不信任，增强了体育场馆员工队伍的凝聚力。

4.5.1.3 提升体育场馆员工的能力

体育场馆的顾客层次不一，对员工的需求和态度各异。时代的发展对体育场馆本身也提出了新的要求，体育场馆人员面临着更高的挑战。这就要求我们的工作人员必须是多面手，既要有较高的职业道德水准和优良的服务意识，还必须有良好的沟通技能及应变能力。通过制定合乎时代需要和体育场馆发展要求的考核标准，让体育场馆员工向着圆满完成绩效目标而努力奋斗，从而提高他们的工作技能，保持良好的工作态度，提升修养和素质，使其能够满足时代发展的需求，满足顾客的多方面要求，满足体育场馆的发展需要。

4.5.1.4 提高体育场馆管理者的管理能力

绩效考核的结果是对员工的工作能力、工作态度、工作成绩进行全面、公正、客观的总结之后得出的，体育场馆的管理者可以根据考核结果明确考核目标的实现程度，从而找出管理过程中的短板，有针对性地对员工进行调整和培训，使现有的人力资源达到最优化。通过绩效考核可以让场馆管理者充分了解场馆现在的运营情况，为下一步做决策提供依据，让管理者明白哪些人需要进行岗位调整，哪些政策或者措施需要变动。对各个方面进行绩效考核可以充分地了解体育场馆的优势和劣势，从而为体育场馆的有效运营提供依据和支持。

4.5.2 绩效考核的原则

4.5.2.1 公平、公正、公开原则

体育场馆员工的绩效考核要在公平、公正、公开的原则下进行。考核程序、考核标准、考核结果都要对受考核人员公开；同时相同岗位的考核标准要一致，不同岗位的考核标准的权重搭配要相近，避免考核过程中出现不公平现象，引起员工对绩效考核的疑虑和不满；考核标准的选择要在公平且与员工充分协商之后确定，避免因管理者个人意图，独自制订考核标准。不可因受考核员工的被动性而忽视其存在，要充分尊重员工并与其协

商；考核结果出来之后要对受考核人员公开，消除员工对于考核的疑虑。

4.5.2.2　客观性原则

考核标准难免存在主观能动性，因此，作为考核人员要始终秉持实事求是的态度，不可因与员工之间存在私交或隔阂而掺杂个人感情。严格遵循考核制度和考核标准，对员工的各方面情况进行真实的考核。只有在客观性原则的基础上进行考核，才能够让员工对考核结果心服口服，有效提高体育场馆员工对考核工作的认可度，提高员工的工作积极性。

4.5.2.3　全面性原则

要对影响员工岗位工作的各方面进行充分的考核，避免出现以点代面、以偏概全，因考核不充分而未能体现员工真实工作能力的情况。任何有益于体育场馆的行为都应该被重视，这样才能充分调动体育场馆员工的责任心，不断做出有益于场馆发展的表现。

4.5.3　绩效考核内容

绩效考核是收集、分析、传递有关个人在工作岗位上的工作行为、工作表现和工作结果等方面信息的过程，是对绩效目标实现程度以及实现过程中的表现进行评价。各个部门是否完成了所设定的绩效目标，员工在完成绩效过程中表现如何，都是绩效考核的重点。绩效考核关系到员工自身的晋升和薪酬，因此也是员工最为关心的一点。

4.5.3.1　绩效考核的步骤

绩效考核主要分为以下几个步骤：① 从场馆层面成立绩效考核小组：绩效考核小组成员要遵循统一的考核内容标准，同时要具备专业的考核能力。小组成员可以是领导、同级员工，也可以是下级员工、外来人员等，一般情况下是上级对下级进行考核。② 考核内容、方式、时间的确定：明确此次绩效考核的考核内容，确定考核方式和时间。③ 考核信息收集与考核：收集每个被考核人员与考核内容相关的信息并逐项考核。④ 结果反馈：有利于体现考核过程的公平、公正、公开，增加被考核人员对考核的认同感，并从考核中发现自身的优点与不足，从而为接下来的工作找好努力的方向；同时被考核人员也可以对考核过程中出现的不规范、不合理现象提供建议，便于下次考核的完善。

4.5.3.2　绩效考核的内容

（1）考核人员分类。根据体育场馆员工所担任的职务不同，一般将考核员工分为业务管理人员、一般工作人员（包括各岗位工作人员）两类。

（2）考核实施主体。考核一般由人力资源部门负责组织、监督和指导各部门管理者对其部门员工进行考核，并对考核中出现的问题给予协调和处理。业务管理人员一般由体育场馆馆长负责组织、实施考核。

（3）考核期及考核时间，参见表4-4。

表 4-4 考核期及考核时间安排一览表

考核时间	考核类别	考核实施时间	考核结束时间	考核对象
1月1日~12月31日	年度考核	1月10日	1月25日	相关人员

（4）考核方式。考核一般采取表格的方式，表格中对考核内容进行了清楚的分类，考核人员根据被考核人员每一项类别的完成情况进行考核。也可以通过同级、同类员工之间的对比或关键赛事活动的完成程度来进行考核，例如相同工作内容员工的完成情况、体育场馆举办的全民健身赛事、对外开放时长等关键性考核内容的完成情况。

（5）考核标准。主要对工作业绩、工作能力、工作态度三个方面进行考核，不同部门和不同职位的员工，其考核权重也有所不同，各部门应根据各职位的具体要求来确定各考核标准所占的比例。

①工作业绩。工作业绩主要分为任务绩效和管理绩效两部分。

• 任务绩效：不同的工作岗位有着不同的任务绩效，主要是对体育场馆员工本职工作的完成情况进行考核，如智能场馆管理系统研发人员系统开发的成效、市场开发人员赛事引进和群众流量的现状、设施设备保障人员的安全运营情况等。

• 管理绩效：主要针对体育场馆的业务管理人员，考核其部门（团队）绩效目标的完成情况以及业务管理人员对部门的管理情况，如设备保障部、研发部、市场开放部、综合部门的总体业绩情况和日常运转情况的考核。

②工作能力。工作能力考核主要是对其工作技能和其他一些工作特长进行考核，如灯光师、音响师的专业技能考核，市场开发人员的综合能力考核。

③工作态度。工作态度考核主要是考核场馆员工日常工作中对工作的认识和表现，主要从工作积极性、责任感、纪律性、团队协作、考勤等方面考核，如体育场馆工作人员是否存在无故缺勤，是否对工作责任落实不到位，是否收到入馆人员的投诉，是否有悖于团队建设等。

④附加分值。附加分值主要是针对员工在日常工作中的表现而给予的奖惩记录设立的，如游泳馆的安全运营奖。

4.6 体育场馆人员薪酬管理

薪酬的最终目的是留住员工，减少人员流失率。体育场馆管理者要学会运用薪酬制度留住场馆员工，不要总守着用最少的钱留住最好的员工的固化思维不放，聪明的管理者要学会让员工始终能感到公司温暖，从而更好地服务于体育场馆运营。让员工有融入感，把员工当作朋友，在朋友遇到困难的时候要给予适当的帮助，哪怕是管理者自掏腰包。要有大局观，看待员工要看到他们身上的长处，不要因为员工某些方面的短处而放弃，要看到其长处对于整个体育场馆运营的贡献。比如系统研发人员可能不擅长与人交流，但他们的系统研发成果可以有效提升场馆的管理能力和运营水平。市场开发人员可能不那么守时，但他们有可能前晚为了做方案熬了个通宵，要看到他们的成果，不要以偏概全。管理者要始终为体育场馆的未来运营做打算，留住人才的最有效途径就是给予他们合理的薪酬，让员工劳有所得，让员工能够把体育场馆的良好运营与自身薪酬紧密地联系在一起。

4.6.1 薪酬管理的原则

薪酬管理要体现公平性、竞争性、激励性、合法性、绩效性等，使员工能够切身感受到自身所付出的劳动是与薪酬相匹配的，充分激发员工的工作动力。有效的薪酬管理能够提高体育场馆人员管理水平，吸引和留住人才，营造公平、公正的工作环境，挖掘员工的潜能，促进场馆的良性发展。

4.6.2 薪酬确定的依据

薪酬的最终确定主要通过以下几个方面来进行：目前所处职位、岗位的工作内容，自身所具备的技能、能力等。根据体育场馆的具体情况可以考虑通过其中的几项或者某一项来进行最终薪酬的确立。

应用案例

4.7 体育场馆人员管理制度

体育场馆人员管理制度是对体育场馆人员管理过程中出现和可能出现的各种情况所制定的办事规程和行动准则。

4.7.1 员工合同管理制度

在员工入职时，体育场馆相关负责人应该与员工签订相关的劳动合同，劳动合同要遵循合法、公平的原则。劳动合同原则上一式两份，公司与员工各执一份。合同到期时根据双方意愿签订续约合同，若有任何一方不同意，则合同终止。员工若想提前终止合同，应当提前告知体育场馆相关负责人。

4.7.2 奖罚制度

奖励可以分为物质奖励和精神上的奖励，如现金奖励、口头嘉奖、颁发证书、升职等。处罚主要分为通报批评、记过、降职、辞退等。

4.7.3 请假、休假制度

除国家法定节假日以及正常休息日外，如年假、婚假、产假、事假、病假、工伤假等，请假之前都应提前填写请假单，其内容包括姓名、请假时长、理由等信息，并交由相关部门领导审批。如果出现特殊情况不能履行请假手续，也应与相关负责人联系，告知缘由，避免出现无故旷工的情况。请事假应扣除当天工资；旷工则扣除三天工资；婚假、产假则按照国家相关规定发放。

4.7.4 考勤制度

根据当地实际情况，明确规定不同工种的上、下班时间。考勤情况应该报备于相关部门，核查是否出现无故缺勤的情况。若因公外出影响了考勤，需要向相关负责人进行报备。

4.7.5 岗位调动制度

因体育场馆部门变动、经营状况的改变，或因员工对目前岗位不适应而又有能力胜任别的岗位，可以进行岗位调动。如果是上级领导对员工的调动，则需要提前告知员工并附带缘由。如果是员工自身的需求，需要写书面调动申请书，经过上级领导考核同意后方可进行岗位调动。

4.7.6 离职制度

包括辞职、自动离职、开除等情况。辞职，需在填写辞职申请书后，相关负责人进行审批并进行交接，方可最终确认离职。自动离职，由部门主管报送相关部门负责人某位员工的自动离职情况。开除，则需要相关负责人书写离职通知。

应用案例

5 确保设施设备的正常运转

案例导航

5.1 供电系统管理

“求木之长者，必固其根本；欲流之远者，必浚其泉源。”这句话中所隐含的道理不言而喻，对体育场馆经营管理有所启迪。试想，假如一个体育场馆最基础的供电系统总是出现故障的话，又何谈举办各种大型赛事活动呢？又有哪些赛事运营方愿意选择在事故频发的体育场馆举办比赛呢？上面的案例告诉我们，供电系统对于体育场馆各项活动的开展起着极其重要的作用，稍有差池就会带来各种难以挽回的损失。所以说，做好场馆管理必须固其本，浚其源。那么，作为场馆的管理者又当如何做好供电系统的管理呢？首要的就是要保证供电系统的可靠性，避免出现类似上面案例中的场馆断电故障，避免各种因供电原因导致的不良局面的出现。

那么什么是供电系统的可靠性呢？首先是要与供电部门建立长期友善并且密切配合的

关系，还有就是从设备的硬件管理上下功夫。前者属于外部因素，而后者属于体育场馆内部的设备维护管理的范畴。要从体育场馆内部提高供电可靠性，可以采取三个方面的措施：首先是想尽一切办法防止故障发生；其次是如果条件（资金和时间）允许，按照国家相关设备的技术要求和当今科技的最新成果对系统进行改善；最后是在突然出现问题的情况下，必须迅速检修故障，努力缩短停电时间，尽快恢复供电。

这些都需要场馆制定出详细的维护措施和具体的操作流程，提高运行操作和技术水平，强化员工相关技术培训，提高其专业化素质，日常要进行反复的操练，以保证措施的有效性。

以上三方面的措施可在某种程度上提高供电系统的可靠性，但是由于存在设施设备的长期使用，以及外部许多体育场馆管理者不可预知的因素，为了场馆内的所有体育比赛与各种活动的正常举行，保险的做法是在正式活动前租赁专用的大功率发电车，以确保供电系统的万无一失。

一般来讲，作为场馆的运行管理者，对于供电系统的使用一定要做到防患于未然。在供电系统的使用管理过程中，可以划定专门的供电管理禁区，防止闲杂人员误入，发生不必要的伤害；此外还要建立相应的制度及使用操作规范，这也是场馆管理过程中必不可少的。相关管理办法示例详见本章拓展资料 1。总之，建立相应制度的目的就是提高大家对场馆安全用电的重视，并有效保障场馆各项工作的健康、有序运行。

5.2 照明系统管理

“工欲善其事，必先利其器。”如果要组织承办一次顺利成功的体育赛事，必须有安全可靠的硬件设施保障系统，而照明系统更是首要的，照明是场馆管理最为要害的设施设备，不能有丝毫的大意马虎。这个照明系统就是“器”，不需要这个“器”多么奢华，但是性能一定要安全可靠，不能在关键的时候“掉链子”，要有规范的照明系统维护、保养措施，要制定适合本馆的照明系统制度，要由具有专业资质的技术人员来操作管理，要有每天的运行记录，要有每周的检查内容，还要有每月的维保计划等，只有这样才能确保照明系统在组织大型活动时不出问题。体育场馆的照明为体育活动提供良好的视觉条件，照度要符合项目比赛的要求，而且对环境产生重要影响，增加体育建筑的美感，使环境空间更加符合人们心理感受上的需求。科学合理地设计照明系统，对保障体育赛事的正常进行、提高电视转播质量、创造良好的光环境、节约能源等方面都有着显著的作用。

体育场馆灯光照明设计的基本原则应建立在各体育项目规则基础之上，设计要“安全、适用、美观”。灯光照明装置的设计必须考虑照明设备安装、维护的便利、安全以及运行的可靠，还要充分考虑到温度、湿度、辐射热等各方面的环境因素，防止可能发生的触电事故，必须符合体育项目规则规定的照度标准，要充分考虑运动员比赛、观众观赛时的视觉感受，在照度、均匀性、显色性、防炫光等方面尽量完善，满足比赛、训练、健身、观赛及电视转播的需要。

5.2.1 体育场馆的光源选择

体育场馆照明光源的选择主要考虑发光效率、寿命、色温、光效控制能力及经济性能等因素。通常使用最多的是金属卤化物灯，高压钠灯、荧光灯、白炽灯也有所使用，或使用以卤化物灯为主、其他光源为辅的混合光源（图 5-1）。

图 5-1 体育馆混合光源

5.2.2 典型运动项目场地照明方案

5.2.2.1 篮球运动照明

篮球运动速度快，运动员对抗性强，要求运动员既能看清篮球的运行轨迹，也能看清其他运动员的动向，照明照度和均匀度要求高，篮球运动要求顶棚反射率不小于 60%，最好为 80%。灯具安装净高应不小于 6.5 米。

5.2.2.2 排球运动照明

排球比赛的特点是运行范围大、速度快、要求空间比较大，照明不仅要使场地地面上有足够的照度，而且也要在一定空间高度上有一定亮度和较高的均匀度。因运动员和观众视线经常向上，对眩光的控制要求较高，所以球网上空不应有高亮度的光源，灯具净高应不小于 7 米。

5.2.2.3 羽毛球运动照明

羽毛球运动对灯光照明的要求非常之高，必须让运动员能够看清羽毛球运行的轨迹，并在比赛过程中不受眩光影响，由于比赛时大部分技术动作均在球网附近进行，所以在球网上空至少7米高度内不能有明暗光斑。羽毛球场地的灯光照明一般都采用低亮度的灯具，安装净高不小于9米。

5.2.2.4 乒乓球运动照明

乒乓球照明一般是将灯具布置在场地两侧，采用高强气体放电灯时，灯具配光不宜太窄，可分为比赛时灯光布置和练习时灯光布置，灯具安装净高应大于4米。

5.2.3 体育场地照明灯具的安装规范及应用管理

体育场地照明灯具最低安装高度和光束投射角，是影响体育场馆照明效果的两个关键因素，要符合表5-1的规定。

表5-1 体育场地照明灯具最低安装高度和光束投射角

运动项目或场馆	布置方式	最低安装高度和光束投射角	
		比赛	训练
足球场、田径场、综合体育场	四塔周边（多塔）	投射角宜为25度	投射角为20度
足球场、田径场、综合体育场	光带	①投射角宜为25度 ②与最近场地边线夹角宜小于65度	投射角为20度
室外篮球、排球、网球场	灯杆	①投射角25度以上 ②灯杆12米以上	①投射角20度以上 ②灯杆10米以上
室内综合体育馆（训练馆）	侧光	投光灯最大光强宜控制在与水平成45度范围内	6米以上（球类）
游泳馆	侧光	最大光强与垂直面（池中心）角度成50度	

资料来源：中华人民共和国行业标准．体育建筑设计规范．JGJ31—2003。

体育场馆照明设备设计安装是做好体育场馆运营管理的重要基础工作，但是这并不代表体育场馆以后都可高枕无忧，毕竟体育场馆照明设施设备类别繁多、特性不一。体育场馆照明设施设备的日常使用、维护、检修等后期工作才是体育场馆照明设施设备管理的核心工作。

照明设备设计安装是一项极其精细而复杂的工程。通常，灯光照明设备安装完成后，应进行严格的现场调试、测量程序。除此之外，对于专业场地，在灯光照明系统安装完成后和重大国际比赛前，必须由国家认可的第三方检测机构进行照明检测认定，以确保达到设计、使用要求。

5.3 音响系统管理

5.3.1 基础保障工作

作为体育场馆的管理者，要稳固扎实做好体育场馆音响系统的基础保障工作。要确保体育场馆音响系统的完整性、可靠性。具体来讲，主场地内所配备的音响设备要质量可靠、功率余量大、功能齐全。消防应急广播系统、户外广场音响系统、新闻发布厅多功能音响系统以及备用的拉杆式可移动音响设备也要酌情配备。可移动音响设备既可作为小型活动使用，又可作为大型活动的应急备用设备，确保在主音响设备失效时能够发出必要的声音。

5.3.2 专业人员的配备及日常维护保养

体育场馆音响系统的完整性有了保障，并不代表着体育场馆音响系统相关工作就万无一失，这只是音响系统管理工作的第一步。体育馆应酌情配备专业的音响操作人员。设备再好，如果没有业务熟练人员的正确操作也还是会出问题。

音响设备平时的维护保养工作十分重要。电子设备往往不是用坏的而是闲置坏的，可每周开机运行一次，“烧烧”机器，以保持设备的良好状态，必要时还可满负荷运转以诱发设备的潜在故障，并对发现的故障及时维修。

5.3.3 大型活动前的预演

在日常的基础保障工作都做好之后，场馆在面对大型活动的使用考验之前，音响设备还有哪些工作需要做呢？

首先，要根据活动的需要提前安排好专门的人员负责活动期间音响设备的调试和操作控制。如果活动的时间较长或者有其他突发事件，涉及调音员交接的话，一定要精心安排好调音员的交接工作，做到无缝对接，以免因工作交接影响活动的进程。有必要要求调音员对活动过程中出现的各种问题逐一记录，形成工作日志，便于以后在其他活动中避免类似问题的再次发生。

其次，要做好相关硬件的备份工作。假如在活动过程中播放颁奖背景音乐的某一光盘系统突发故障无法正常播放，完全可以通过备份光盘系统播放进行弥补。当然，备份设备在赛前也要严格调试。此外，现场使用的各类型麦克风、各种可能用到的备用连接线、备用话筒的支架、备用电池、插座等也要做相应准备。

最后，要在各项准备工作基本敲定的情况下，根据活动的要求制订一套音响设备预演方案，进行一次现场活动整体模拟预演。按照活动程序实施现场预演，可以让音响师和主办方熟悉运作程序、检验配合程度、发现忽略问题，如确定话筒数量、位置以及音乐进入及结束的时机，播放的国歌、乐曲的载体（CD、磁带、存储卡等）是否与体育馆设备兼容等，避免正式活动时手忙脚乱临阵出错。当然，预演规模的大小要视活动规模的大小和重要性而定。条件允许的情况下，有必要邀请活动举办方的相关负责人员全程参与整个活动的预演工作。预演结束后，双方对首次预演工作拿出初步意见，并进行简要的磋商，提出整改意见，根据磋商的结果确定是否有必要进行第二次现场预演。首次预演工作一定要尽量完整、标准、细致，这将会为接下来工作的开展带来便利。如若首次预演问题百出，且该活动意义重大，领导异常重视，第二次预演就在所难免。

应用案例

5.4 计时记分系统

应用案例

上述案例是一篇新闻评论，其中不乏对相关组织单位监管效率和管理能力的质疑，对场馆相关的运营管理机构运作水平、执行力的质疑，从侧面也可以反映出计时记分系统对于举办一场精彩的体育赛事的重要作用。

那么，如何做好计时记分系统的相关工作呢？在讨论这个问题之前，我们首先要厘清体育场馆计时记分系统管理具体包括哪几部分程序性工作。一般来讲，体育场馆在建造初期，就要做好计时记分系统的招标采购工作，选取功能齐全、质量有保障、价位适中的计时记分系统；然后就是做好体育场馆计时记分系统的日常使用、维护、检修、更新等多方面工作。对于大多数的体育场馆运营管理者来讲，后者才是重点工作。

在分析体育场馆计时记分系统的使用之前，我们首先要清楚计时记分系统都有哪些常规用途，熟知计时记分系统应用操作的基本要求。由于大多数的体育场馆不是只为举办单一运动项目比赛而建，常常要举办多种项目、多种级别的赛事活动，因此，对于比赛所需要的计时记分系统规格的要求也就较高。

一般来讲，体育场馆在大型比赛时，至少有固定电子计时记分牌一块，其屏幕显示比分和竞赛信息，如显示比赛队名及成绩，还有标语、图案、讲话字幕等。重大比赛时还可增设一块视频显示装置，显示活动的图像和画面，也可将两块牌的功能合一（图 5-2）。

图 5-2 电子计时记分牌

5.4.1 计时记分显示系统的选用

体育场计时记分显示屏的选用主要应根据场地规格及投资多少进行选择。目前一般选用发光二极管光柱作为发光像素点。光柱的特点是亮度高，即使在阳光直射条件下仍可清晰显示，其功能可满足田径和足球比赛及各种活动的需要。由于该显示屏是安装在室外，因此要考虑采取显示屏的防风、防雨、防潮、防腐蚀、防热胀冷缩、防灰尘、防雷电等多种保护措施。

计时记分牌的机房，可设在牌的背后或牌面底层，机房要设有观察窗，以观察全场活动。机房内要求有通气除尘装置，并有空调装置。如需在田赛场地上临时设置小型记分牌，应在附近设置电源插孔（电源井），以供使用。所有计时记分系统应用计算机联网至主机房。对于暂时不安装设备的体育场，可预埋穿线管，以免今后安装设备导线时破坏场地。计时记分系统操作台如图 5-3 所示。

图 5-3 计时记分系统操作台

大型田径比赛时，必须采用电子计时系统。该系统在起跑处设电子发令装置，在终点处设置终点摄影摄像装置。终点摄影摄像的要求为：在跑道终点内侧设置1台摄影机的露天机台；外侧设置两台摄影机的室内机房。摄影机必须位于终点线的延长线上，摄影角度为20度~30度水平角；终点处距地面1.5米高度范围内的照度不低于1500勒克斯。

5.4.2 计时记分系统的日常管理与应用

体育场馆的经营管理者在接收体育场馆的时候，计时记分系统都处于调试无误的完好状态。作为体育场馆的管理者，其核心工作是怎么使用好、维护好、更新好体育场馆计时记分系统，进而确保在举行各种大型活动的时候不出现任何故障，保障活动的有序进行。

作为体育场馆的负责人，首先要了解本场馆计时记分系统的基本情况，清楚交由谁负责管理比较好。一般而言，大多数体育场馆都应该配备有专门的计时记分系统管理员，这样可以避免因不熟悉而带来的误操作。计时记分系统操作也是一项专业性较强的技术工种，而且在重要的比赛过程中，现场运动员、教练员以及现场和电视机前的观众对于现场计时记分系统时间及比分的失误或者故障都是零容忍的，对于一些运动项目而言，教练员和运动员都要时刻根据场上比赛剩余时间和实时的比分制订各种各样的战术，一旦计时记分系统出现任何差错，直接影响两队的胜负，甚至可能发生不必要的矛盾和纠纷。

其次，作为场馆的运营管理者，在管理过程中要对本场馆内外诸多方面的大小事务负责，因此，面对各种各样烦琐的事务不可能做到事无巨细，面面俱到，对于实操性、专业技术性要求较强的计时记分系统更不可能做到“深层次”的管理。作为体育场馆的负责人，在管理类似工作的时候是需要借助专门的管理方法和手段。例如，体育场馆可以根据场馆举办项目的种类安排相应的计时记分操作小组，如甲、乙等擅长于篮球、排球等比赛计时记分系统的操作，那就将篮球、排球比赛项目分配给甲和乙，丙、丁擅长于网球、羽毛球等比赛计时记分系统的操作，则将网球、羽毛球比赛项目分配给丙和丁，这样一来便可以使专门人才的专业技能得到进一步的加强，业务更加熟练，一定程度上也可以减少因不熟练而带来的差错；另外也可以使所有场馆比赛分工更加合理，人员定位、定岗、定责更加清晰准确，做到物尽其用，人尽其才。当然这只是计时记分系统细化管理的一个常规性工作，还有许多工作的安排和部署都需要借助场馆内部相应的管理制度来具体指导实施，例如场馆计时记分系统设备日常维护检修制度、体育场馆计时记分工作人员职责分工、体育场馆计时记分系统使用规范等。当然，在这个过程中还要借助相应的激励机制来鼓励引导场馆的专业技术人员。

5.5 安保消防系统管理

“隐患险于明火，防范胜于救灾。”体育场馆内的消防系统是场馆安全系统中非常重要的组成部分，做好场馆消防系统的组织管理也是确保各项体育比赛及活动安全进行的保障。一般来讲，消防系统是指体育馆内设置的火灾自动报警系统、自动喷水灭火系统、消火栓系统（图5-4）、应急照明疏散指示系统、灭火器、防火门、防火卷帘等用于防范和扑救火灾的设施设备的总称。消防系统是确保体育场馆内消防安全和观众疏散顺畅、安全的重要设施。

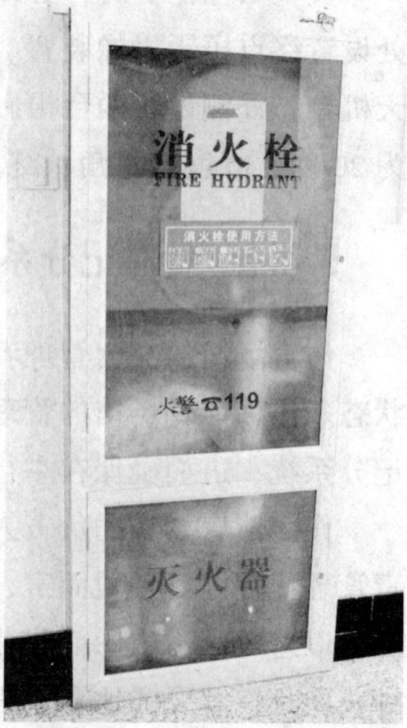

图5-4　消火栓系统

消防系统一般分为两大类：一类为报警及喷淋灭火系统；另一类为安全疏散系统。前者是实时监控现场状况，一旦有火情立刻报警并适时启动喷淋灭火的功能，后者主要是保障观众的生命安全及迅速疏散。消防安全对体育场馆来说非同小可，不但要作为场馆运营管理的重要工作，反复讲时时讲，还要经常进行消防的实战演练。

那么，如何进行体育场馆安保消防系统的管理？

5.5.1　严格执行相关法律法规

要按照《中华人民共和国消防法》中的相关条款、公安消防部门制定颁布的消防条例和规定认真执行。还要按照法律法规的详细内容逐条对照，不折不扣逐一落实。

5.5.2　加强组织领导，完善规章制度

体育场馆的法定代表人是消防安全工作第一责任人，所以法人要充分认识消防安全的重要性，从体育馆的安全大局出发，首先建立健全体育场馆的火灾防范体系，尤其是要健全管理制度（特别是夜间值班和节假日值班制度），加强并落实安全巡查制度，在体育馆内逐级落实消防安全责任制。一般而言，制度越健全，安全风险越小。关于体育场馆安保消防系统的管理制度主要有以下一些规范制度：体育场馆安全管理规定、体育场馆防火安全规定、场馆消防安全防火定期巡查制度、场馆应急疏散设施管理制度、消防设施灭火设施管理制度、用火用电消防安全管理制度、消防安全管理奖惩办法、消防控制室值班制度及工作流程、灭火以及应急疏散预案演练制度、消防安全教育培训制度等。当然，要根据自身场馆的实际情况制定全面、合理、人性化的管理制度，并借助相应的激励机制促使各个制度相互磨合，进而被更好地落到实处，形成大家共同遵守的工作规程或行为准则，确保场馆消防长年保持安全状态。

5.6 空调系统管理

应用案例

从上面案例的经验教训中，我们不难看出，对于大型体育场馆而言，空调系统的达标程度势必会影响赛事或其他各种活动的正常举办。既然体育场馆的空调系统有着如此至关重要的作用，作为场馆的管理者又应该如何做好体育场馆空调系统的应用与管理呢？相关管理制度详见本章拓展资料 2。在讨论体育场馆空调系统的应用与管理之前，我们首先要清楚体育场馆空调系统都有哪些基本的构成，这些空调设施设备基本的运行原理又是什么，然后再对该系统的深层次的管理工作进行论述说明。一般来讲，场馆的空调系统包括冷冻机房、热力站、分机盘管系统、冷却塔、空调机和新风机。

5.6.1 冷冻机房功能

体育馆的冷冻机房，主要由冷水机组、冷冻水循环泵、冷却水循环泵、集水器和分水器、水过滤器、调节阀门、水处理装置和其他辅助设备组成（图 5-5）。

图 5-5 冷冻机房

5.6.2 冷水机组、循环泵的保养和运行

体育馆的空调设备可谓是养兵千日用兵一时，“待命多于使用”，空调系统平时就在一个“养”字上。应该建立良好的维护和保养机制，这样一旦有大型体育比赛和活动的时候能真正起到制冷的作用。作为体育馆的法人或者馆长，应该督促空调设备管理人员进行每日、每周或每个月的维保记录，还要进行经常的试运转，进行整体的空调系统运转。日常就保持空调设备的正常状态，在承担大型体育比赛或活动时才能够确保正常使用，以使体

育馆内部的环境温度符合体育比赛或活动的需求。

通常情况下，每次大型体育比赛或活动结束后，冷冻机组使用完毕以后，都要进行彻底的检查、保养、维护，其中包括更换液体和气体过滤器，检查更换冷冻油，检查安全阀，还要进行机体气密性检验，彻底清洗蒸发器和冷凝器的换热管等。除此之外，还要对循环泵进行维护保养，尤其是最常用的离心式水泵，都要进行定期检查更换泵密封等。还有循环泵前的过滤器应定期清理，以保证水流通畅。

5.7 看台座椅管理

5.7.1 活动看台管理

对于一些体育场馆运营管理者而言，为了充分地开发好、利用好、经营好体育场馆，根据实际功能需要，随时改变场地用途显得极为重要，这样才能使一个投资庞大的体育馆能够承办不同类型的比赛和其他的商业活动，从而大大提高场馆活动空间利用率。为了适应体育场馆功能多元化的使用趋势，活动看台系统应运而生（又称为伸缩看台或移动看台）。活动看台主要优点在于其高度的灵活性，使有限的空间做无限的应用，为场馆座椅带来了全新概念。可以说，体育场馆活动看台为新时期体育场馆行业的开放、利用、经营起到了一个较好的激励作用，参见图 5-6。

图 5-6 体育场馆活动看台

话说回来，活动看台毕竟是近些年来才被引入国内体育场馆的技术设备，与以前完全固定的体育场馆看台相比，无论是在自身功能应用、日常管理维护、赛事活动期间的管理和使用，还是在场馆座椅的市场开

应用案例

发上，都存在较大的差异。

对于体育馆活动看台的管理，首先要讲体育场馆活动看台的使用。体育场馆活动看台一般在举行一些较大规模的体育赛事活动，如大型的聚会、演唱会等人馆观众或人员数量较多的情况，且场馆固定座位的数量满足不了活动需求时才打开使用，平时在提供高水平运动队训练、各种运动项目培训场地的出租，即服务各类较小规模的活动时，活动看台一般是被收缩起来的。现代的体育场馆活动看台一般是借助电机动力驱动活动看台台架的伸缩进行工作的。以往的经验告诉我们，在台架伸缩过程中偶尔也会出现伸缩障碍，甚至发生危及工作人员人身安全和设施设备安全的情况。为减少类似事故的发生，在建设移动看台之初确保移动看台的高质量是一方面，适当减少体育场馆活动看台的收缩和展开也是避免诸多安全事故的很好的办法，毕竟任何设备使用的次数越多，折旧就越厉害。当然，这样讲的意思并不是说体育场馆活动看台座椅一直不用就好，体育场馆日常维护与保养也是非常重要的，如在举办大型活动需要将体育活动看台伸展开的时候出现故障，短时间又无法有效地修复，那就势必会影响相关活动的开展，影响场馆日常经营，甚至会影响体育场馆的声誉与信誉，给体育场馆带来不必要的损失。总之，体育馆活动看台打开与否要根据具体需要适时确定。

对于如何使用好体育场馆活动看台，我们可以从体育场馆“身上”汲取经验。体育场馆看台的设施管理同其他体育场馆设施设备的管理一样，同样需要制定专门的规范、制度，内容包括场馆内工作人员的工作时间、工作地点、工作要求、工作流程、注意事项以及一些奖惩制度，这样才能更好地约束和激励活动看台相关人员恪尽职守，保障设施设备的正常运转。当然，有些场馆由于条件的限制无法实现责任到人，而是由场馆相应的值班人员轮流进行操作，因此有必要对场馆员工进行业务培训，邀请设备供应商以及该领域行业专家不定期地对场馆的员工进行培训。培训的主要内容一般应该包括以下方面：①体育场馆活动看台的基本架构，各个区域伸缩台架的工作原理。②体育场馆活动看台控制系统的应用与操作及其常见故障的处理方法。③体育场馆活动看台常见紧急事件的应对方法与工作流程，尤其是紧急疏散、安全指引、分工协作等方面的培训，提高紧急事件的反应速度，减少不必要的损失。④体育场馆活动看台及其附属设施设备的日常维护和保养方法。⑤举办大型活动时体育场馆活动看台相关负责人员注意事项及相应的操作流程。⑥举办大型活动过程中体育场馆活动看台相关责任人应当注意的事项。⑦举办大型活动后体育场馆活动看台相关责任人的工作流程及注意事项。⑧体育场馆活动看台的发展动态，以及行业标榜场馆机构的一些创新举措。

当然，对于体育场馆活动看台的管理还涉及另外一件非常重要的事情，那就是体育场馆活动看台的市场开放管理，包括活动座椅广告、活动护栏广告的市场开放，这部分内容与体育场馆营销管理中产品的营销有着类似的经营模式，在此就不再赘述。

5.7.2 固定座席管理

多功能体育馆看台座席一般由固定座椅和活动看台座椅两部分组成。活动看台负责调节场地以变换功能布局，满足各种活动需要。固定座席是体育设施中固定在看台结构上的观众席位，按照入馆人员的身份划分，可分为主看台嘉宾固定座椅及附带设施、前排 VIP 座椅、普通观众座椅；有的按主客场球迷身份划分，一般可分为主场看台和客场看台；还有的是按距离球场中心的远近划分为不同的层区。而固定看台座椅的主要功能是满足举行大型活动过程中部分参与人员的驻足之地，保持活动现场的有序局面。

那么体育场馆固定座椅日常管理工作又当如何进行呢？总不能平日里不管不问，到了用的时候才临时“抱佛脚”，恐怕这样的管理思路是不会被看好的。下面我们从以往的经验中总结一些关于固定看台的日常应用管理策略与方法。

5.7.3 看台座椅日常维护与管理

体育场馆看台座椅的日常维护一般包括座椅的保洁、座椅的维护等相关工作。座椅的保洁工作一般要根据场馆自身的情况而定，在保洁人员相对充足的情况下，一般要定期地对看台座椅进行统一的打扫，如一周或者两周彻底地做一次保洁；在人手相对不足的情况下，可以适当地延长看台彻底清扫的周期。但是对那些经常被应用的看台区域仍然要做到定期清洁。总之，对于体育场馆看台座椅的保洁工作安排与部署要根据场馆自身的人力、物力、财力等情况来决定。座椅的维护、检修、更换工作一般由场馆负责后勤内务的管理人员专门负责，需要着重注意的是一定要强化后勤内务管理人员对于座椅维护检修相关工作的重视程度，作为场馆的管理者有必要借助相应的维护检修制度、规范要求、奖惩制度及较为科学、严谨的工作流程来约束引导他们，这样才能避免因座椅故障而导致的各种不良后果。当然，一些专业性较强的座椅维护还要与专业的体育场馆座椅生产商保持密切的交流与合作，前期座椅交付使用的时候有必要签订一系列的维保合同，将后期座椅使用、维护、检修相关事项加入合同协议中，确保维护检修工作能够得到妥善解决。当然还有一种情况比较特殊，一些场馆管理者会将部分服务以外包的形式交给相应的机构或公司，这样一来场馆管理方需要做的工作就会相应地减少许多，更多的是对于这方面工作质量的监督与审查。

5.7.4 举办大型活动时的使用与管理

一般来讲，在举办大型活动前，都要根据以往相应活动的相关数据，结合该活动在近一段时间内的市场关注情况，大致估算一下可能在活动当天来到现场的人数，在这个估算的过程中可以参考以下相关信息，如门票的销售量、网上关于该活动事件的新闻曝光次数及这些新闻的点击量、参与该活动事件的相关群体的大概规模，以及该活动在所在地区的影响力和受欢迎程度等。在了解以上相关因素的基础上，预判活动当天到馆人员的大概数量，并结合场馆看台座席的设置情况和活动组织方的活动需要，打开相应的场馆座席区。对于那些不使用的区域，可以使用护栏等措施将其封闭，保洁过程中也可以节省一定的人力、物力和财力。将人群聚集在相对固定的地点同样也方便在活动进行中对看台人群的管理，一旦发生一些突发事件，也方便应急安保人员及时地定位到准确的地点，利于把控局面。还有一个优点就是在视觉效果上整齐划一肯定要比零零散散、乱七八糟强得多。当然，有必要提前准备一片应急看台座席区，以应对入馆观众数量剧增等突发情况。

5.8　运动地板管理及场地器材设备维护管理

对于每一个体育场馆管理者而言，体育场馆地板的重要性自不必多言。体育场馆各项活动开展的最直接、最基础平台就是体育场馆内的地板，一旦体育场馆的地板出现问题，势必给体育场馆带来各种问题和损失。以下将就体育场馆日常的使用管理与维护进行分析。

图 5-7　NBA 比赛场馆

随着科技的不断进步以及活动项目对体育场馆运动地板需求标准的提升，各种新型材质的地板设施经常被应用到体育场馆内部，一般常见的包括木质运动地板、PVC 运动地板、橡胶运动地板等。当然，某些时候综合体育场馆会根据比赛活动的需要在体育场馆铺设活动木制地板或者其他材质的地板胶，参见图 5-7。2004 年 NBA 季前赛第一次来到中国的时候，NBA 方面就要求赛事运营方提前空运地板过来，那么美国人耗费如此之大的人力、物力和财力究竟是为了什么呢？试想，使用的地板一旦出现问题，会给参赛运动员、给整个球队甚至是整个联盟都将带来难以挽回的损失，更何况参加NBA季前赛的球队和球员无论在身价还是影响力上都“非同小可”，着实容不得半点马虎。为了确保赛事活动的成功开展，无论耗费多大，赛事运作方都要确保比赛用地板的安全，由此我们也可以看出体育场馆地板对于赛事活动开展的重要性。当然，近些年来国内也修建了一批达到NBA标准的大型综合体育馆，如北京五棵松体育馆、广州国际体育演艺中心、梅赛德斯奔驰演艺中心等。

5.8.1 运动地板的日常保养和维护

随着体育场馆地板制造业科学技术水平的不断提高以及各种赛事活动场馆地板材质的需求多样化，各种运动地板被广泛运用在各种大型综合体育场馆内。这些运用在场馆之中的地板设施，外观华丽大方，安全有保障、功能多元化而且方便实用便于管理，广受各种大型体育场馆青睐。但是地板在使用的过程中偶尔也会因维护保养不善出现打滑、裂缝、弯曲、腐蚀、脱皮、起泡等现象。那么我们又应如何应对以上问题呢？

首先，在场馆内部人员管理上应当严格要求，制定相应的体育场馆地板维护管理制度，将体育场馆日常使用过程中容易造成场馆地板损坏的行为进行罗列，给出如何避免以上地板损害行为的方法和意见，并建立相应的奖惩措施。其次，在体育场馆地板的日常维护上，要做到“定人、定期、定责、定区、定标准”，这样方可使各项维护工作开展得井井有条，保质保量。最后，在对外开放过程中要制定相应的制度，张贴各种警示语或者温馨提醒，严格规范入馆人员的行为。例如，为了延长体育场馆木地板的使用寿命，在体育木地板翻新后，应该注意以下几个问题：避免穿高跟鞋、钉鞋等进入场馆；避免长期关闭体育馆里的通风设备；避免尖锐、硬度高的器物损伤体育木地板；未咨询专业人士前禁止动手整改或修理运动木地板。此外，现代体育场馆对于PVC运动地板的使用日益频繁，本章就PVC运动地板日常维护与保养提供了一些详细指导建议与方法，详见本章拓展资料3。

5.8.2 体育场馆器材设备管理

体育场馆内还有一类非常重要的硬件设施设备，而且是从属体育场馆自身最本源的东西——体育场馆的器材设备。就当今国内外现状而言，大多数体育场馆的本质功能还是以开展各类体育相关活动为主。尤其是一些综合体育场馆的器材设备多有种类多样、规格不一、功能复杂、应用标准严格等特点，一旦应用管理不善势必会给场馆带来一定损失。那么体育场馆的器材设备又应如何管理和应用呢？

举例来讲，篮球架因其整体轮廓较大，所占用空间也相应较大，体育场馆内的部分常规的体育器材设施设备一般都在房间内存放不下，因此，在不举办篮球相关活动的时候，篮球架是闲置的，大多场馆会选择将篮球架收起来，放在体育场馆的角落里或者体育场馆的看台下的闲置空间，为其他活动项目的开展腾出充足的空间，不妨碍其他项目活动的正常开展。当需要用到篮球架的时候再将其升起并移至指定的位置。当然在这个过程中就有几个问题存在，首先要知道都有哪些工作需要做？然后是谁来负责做这些工作，什么时候做这些工作？再者是怎么做这些工作，做到什么程度才算符合要求？最后，做完该项工作之后谁来检验工作的达标程度？以上系列问题如果解决好的话，体育场馆器材设备的管理思路也就清晰了。再配合各种有效管理制度、工作流程、操作规范等标准化的约束、激励措施，基本上可以确保体育场馆器材设备的正常使用和维护。体育场馆设施设备安全方面的管理制度详见本章拓展资料 4。

总而言之，若要做好体育场馆设施设备的管理工作，势必要做到以下几点：首先，要确保人身和财产安全，包括在馆工作人员和到馆健身人员的人身和财产安全，这是工作开展的基本前提；其次，要有科学、合理、全面、人性的规范制度，在制定制度的过程中要确保各个规范制度之间相互协调、相互融合、互为统一，这样才能确保其在实施执行的过程中通畅无阻。相关示例详见本章拓展资料 5。当然，制度制约还需要辅以相应的激励机制；再者，要有专门的设施设备管理人才和有较高实操技能的员工组成团队的协同作战，这样才能够应对设施设备各种日常的、临时的、突发的状况，确保场馆设施设备的正常运转；最后，要有详细具体的工作流程，让全体员工可以在工作中得心应手、有章可循地开展各项工作。

拓展资料 1

拓展资料 2

拓展资料 3

拓展资料 4

拓展资料 5

6 服务于人，取之有道

案例导航

所谓体育场馆的日常运营管理，是指在体育馆没有体育赛事、文艺演出等大型活动的空档期进行的各项工作。有针对体育场馆内的设施设备进行维护管理，还有平时接待社区百姓而进行的全民健身活动。针对日常的全民健身服务活动而开展的各项服务内容，有关设施设备的运营管理，在之前的部分已经进行了描述，在此不再赘述。本部分主要在“体育场所服务质量管理要求”和“体育服务认证”两个方面展开讨论。

6.1 体育场馆服务质量的特性及相关标准

（1）体育场馆服务是指以体育场馆为物质依托，通过提供包括健身娱乐、体育培训和体育竞赛表演等服务来体现体育价值和本质功能，从而实现经济价值的生产经营活动。

（2）体育场馆服务质量是指以设备、设施等有形产品为依托，与场馆工作人员的服务等无形产品一起，提供的能够适合或满足顾客物质、精神等各方面需求的程度。

（3）体育场馆服务质量包括技术质量和职能质量，而技术质量又包括设施设备质量和安全认证，职能质量又包括劳动质量和环境氛围（图6-1）。

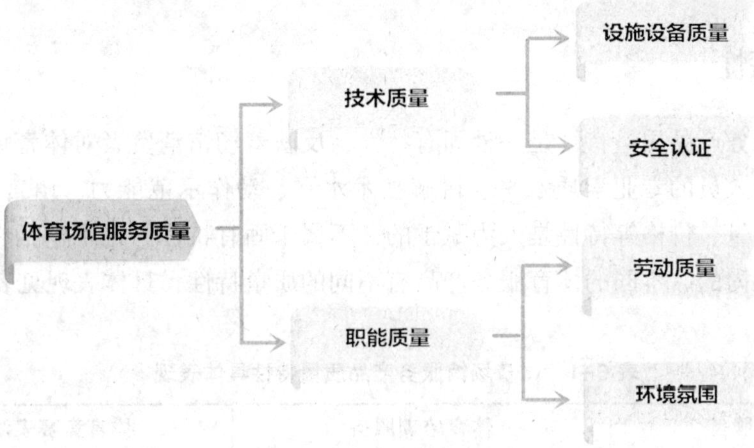

图6-1 体育场馆服务质量

6.1.1 设施设备质量

体育场馆是利用设施设备来为顾客提供服务的，因此设施设备质量是体育服务质量的最核心部分，是场馆提供服务的必要基础。设施设备质量主要体现为设施设备的舒适、齐全程度及是否完好等。

6.1.2 安全认证

安全认证包括体育场馆场地建筑的安全，体育项目器材设施的安全，体育活动项目的安全，体育消防设施的安全，顾客生命、财物的安全。安全得到保障，是提高体育服务质量的重要一环。

6.1.3 服务质量

服务质量包括赛事演出的竞技水平、精彩程度，体育服务项目的种类丰富程度，教练员、指导员的专业素质水平，服务水平、服务效率的情况，文明举止、礼貌用语情况，环境卫生、清洁状况等多个方面。

6.1.4 环境氛围

体育场馆服务环境氛围是提供服务的体育场所带给顾客的最直观的感受，主要包括三个方面：①体育场馆周围环境情况，如地理位置、交通状况、空气质量等。②体育场馆内部环境，如场馆器材设施是否齐全，摆放是否合理、美观，卫生清洁是否合格等。③体育赛事（演出）现场氛围。

6.1.5 特性

体育场馆服务产品质量特性是一种固有特性，反映着场馆消费者对体育场馆的服务要求，如技术指导人员的专业素质水平、讲解技术水平、动作示范能力、语言表述能力等。而服务产品的质量、价格等特性是人为赋予的，不属于固有特性，是不包括在体育场馆的服务质量范畴之内的。不同的体育服务产品有不同的质量特性，具体表现见表 6-1。

表 6-1 体育场馆服务产品质量特性具体表现

体育健身服务	体育培训服务	体育竞赛表演服务
信息查询方便准确	信息查询方便准确	信息查询方便准确
健身服务项目设置合理、吸引人	培训服务项目新颖、有趣	比赛、表演项目吸引人
指导人员专业水平较高、耐心、热情、礼貌、一视同仁	教练外表健康、健美，专业水平较高，示范动作准确，讲解生动、耐心、热情、礼貌、一视同仁	比赛裁判员、双方教练员、运动员场上表现好
服务人员外表健康，服务周到、热情、规范、效率高	服务人员外表健康，服务周到、热情、规范、效率高	服务人员外表健康，服务周到、热情、规范、效率高、专业
技术服务设施完善	技术服务设施完善	电子屏幕、电视转播设施、广播、记分牌、灯光等设施工作正常
休息座位、洗浴、更衣、商品销售等辅助服务设施完善	休息座位、洗浴、更衣、商品销售等辅助服务设施完善	休息座位、洗浴、更衣、商品销售等辅助服务设施完善
场地平整、舒适	场地平整、舒适、宽敞	场地条件适于比赛
室内空气清新、温度适宜	室内空气清新、温度适宜	室内空气清新、温度适宜
卫生	卫生	卫生
安全	安全	安全
环境氛围好	环境氛围好	环境氛围好 购票方便 观众入场、退场方便

6.1.6 相关标准

目前，我国已制定颁布包括体育场所等级划分、场馆设备使用要求、场馆开放条件与技术要求、体育场地使用要求、体育卫生和体育服务场所服务保证能力要求等多项国家和行业标准，如声环境质量标准、体育馆卫生标准、室内空气中细菌总数卫生标准、建筑照明设计标准等。

为了规范体育服务质量水平，维护体育服务市场秩序，国家体育总局制定了体育场所等级划分和涉及人身健康安全的16项体育项目服务标准，如游泳、卡丁车、蹦极、攀岩、轮滑、滑雪、滑冰、射击、射箭、潜水、漂流、滑翔伞、热气球和动力滑翔伞等。

6.2 体育场馆服务认证

体育场馆服务认证指的是体育服务认证机构根据相关技术规范要求与标准，对体育场馆服务项目、服务过程、体育活动组织、体育活动推广等服务进行合格评定的一种证明活动，包括服务流程管理文件、服务承诺、行为规范、设施设备、卫生健康、安全保障等内容。体育服务认证由政府主导，主要作用是保证体育场馆服务质量、规范体育服务市场秩序、保障消费者消费、提高体育服务者服务质量水平等，是服务于体育培训、健身娱乐、竞赛表演的一项基本制度。

6.2.1 体育场馆服务质量认证的必要性

根据《第六次全国体育场地普查数据公报》显示，截至2013年12月31日，全国已经建成体育场馆设施169.46万个。这些体育场馆中，很大一部分承担着全民健身的职能。随着全民健身计划上升到国家战略，参与体育锻炼的人数越来越多，随之带来的体育消费也逐渐增长。体育场馆管理者以及体育场馆设施使用者对体育场馆服务相关行业标准、国家标准的需求也越来越强烈。体育场馆服务质量的认证，将体育场馆服务引向了一个科学、有序、规范的发展轨道。体育场馆经营管理者进行自我检查监督与改进时，也有了一定的参考。

6.2.1.1 分工更加专业化

体育场馆服务质量的认证标准促使体育场馆分工更加专业化，减少了工作职责的重复性，提高了员工的工作效率，工作有的放矢。

如在上级专业部门的引导下，在体育服务认证专家的指导下，北京大学生体育馆的主营业务包括体育赛事的承办，篮球、羽毛球场地的出租及健身和跆拳道培训等。依据业务形态并结合体育服务方针，其日常的体育服务组织结构设置了经营部、劳资部、设备部、值班经理部及馆长办公室。体育赛事开始后，各部门的人员按照自身的职业工种进入相应的岗位，各司其职。

6.2.1.2 管理更加规范化、标准化

体育场馆通过开展体育服务认证，统一了服务标准和规范，进一步明确了各个岗位的管理职责和管理权限。同时，督促管理者更加关注基层员工的工作，深入基层，与一线员工谈心，了解他们的工作生活情况。在每周的例会上，管理者可要求每位员工主动发言，这样做不但能够促使员工主动思考问题，充分调动每一位员工的工作积极性，而且能够不断完善体育服务水平，持续改进体育服务质量，从而为顾客提供更加优质、满意的服务。

应用案例

6.2.1.3 服务更加精细化

体育场馆服务的宗旨是一切为客户服务。当然客户既包括企业客户，也包括日常健身的个人客户。

（1）对于企业客户，不仅要在大型赛事活动期间为他们提供优质的服务，更要在活动结束后及时与客户沟通，了解客户对场馆服务的满意度，这样做既增加了与企业客户的黏合性，又能够通过客户的反馈意见对场馆的管理作出改进。

（2）对于个人客户，要始终关注客户的感受，包括客户对场馆卫生、服务价格、服务态度等方面的感受。如果客户要求退卡，则要主动询问客户的退卡理由，了解客户的心态，寻求最佳的解决方案。

6.2.2 体育场馆开展体育服务认证的意义

6.2.2.1 获得权威性的行业宣传支持

针对进入国家体育服务认证体系的先进场馆，国家体育总局、各地方体育局、体育产业系统将积极进行宣传、表彰，使消费者在选择体育场馆时有正确的消费导向。

6.2.2.2 营造健身产业的规范发展

借助独特的资源优势，将国内业内知名学院专家、行业协会专家以及著名品牌场馆经营管理专家等人力资源进行全面整合，对认证有效性实施监督，使认证结果更加公正、权威、有效，达到健身产业整体规范发展。

6.2.2.3 建立强大的品牌内涵

国家级资质的星级认证可加大场馆的市场宣传亮点，增强市场竞争能力，规避经营风险，有利于俱乐部开展连锁加盟以及巩固其在全国或区域内的品牌形象，增强品牌含金量，打造品牌旗舰。

6.2.2.4 开展针对性的专业培训

提供国内独家权威的体育服务认证国家注册审查员培训以及专业的俱乐部经营管理培

训、俱乐部职业经理人培训、教练团队专业培训、场馆内训等，提升经营人员专业素质。

6.2.2.5 全面提升场馆的管理水平

在场馆内部建立标准化的硬件设施、设备环境，并识别再造核心服务流程、建立完整的场馆内控管理方法和实施措施，提高器械使用周期，降低运营成本，增加场馆经营利润，提升服务形象，确保服务质量，使顾客得到更好的服务。

6.2.3 体育场馆服务认证的优势

（1）帮助体育场馆更全面、更准确地满足顾客要求，增强消费者对体育场馆的信任感，提升体育场馆的知名度。

（2）使健身爱好者在选择体育场馆时有正确的信息导向，得到更具人性化、舒适度与权威性的服务，达到体育锻炼增强体质的目的。

（3）及时掌握最先进的场馆服务理念，提升服务质量，提高管理水平，降低运营成本，取得更好的效益，提高市场竞争力。

（4）各类型体育场馆可通过权威认证，打造场馆品牌。

（5）避免体育服务经营主体之间的恶性竞争，营造体育场馆服务贸易的公平竞争环境，更好地维护体育消费者权益。

（6）提高对体育场馆、体育服务者安全和卫生等方面的监管效率。

6.3 体育场馆服务质量规范管理

体育场馆服务质量规范，是指以体育场馆为主体，为了达到体育场馆经营的目标，分别从服务流程、员工培训、监督检查、纠正预防、投诉与争议处理、设备维修、大型活动服务、外包业务管控等方面对体育场馆服务进行规范。

体育场馆服务质量的日常运营管理，需要建立一定的管理体系和服务程序，才能保证体育项目的正常运行。根据日常管理体系，对场馆服务质量管理进行策划、实施，定时对体育场馆的服务运行质量进行监督管理，使服务流程正常运行。同时要根据日常运营管理中的需要，持续改进并保持正常运行，防止降低体育场馆的服务能力。

6.3.1 安全管理

体育场馆应保证向消费者提供的服务符合保障人身、财产安全的要求。如有可能危及消费者人身、财产安全的服务，应当及时地向消费者说明与警示，并标明接受服务的正确方法，防止危害的发生。

应建立安全风险预防程序、安全事故处理程序和突发事件处理预案，及时地发现并排除安全事故隐患，并及时组织落实场所服务人员预防措施、应急预案和补救措施的演练。应为场馆服务人员和顾客购买公众责任险，同时配备相应的医疗器材、急救药品。

6.3.2 大型活动服务管理

体育场馆大型活动的举行需提前上报各级公安、消防等有关单位。完成申请和报批程序后，需制订总体工作方案，如现场服务流程、设备器材、临时设施保障流程、安保工作流程等。为确保活动可以安全有序地进行，应做好现场协调配合和应急事项的处置工作。活动结束后，做好观众的退场以及现场清理工作，及时消除遗留的安全隐患。相关示例详见本章拓展资料 1。

6.3.3 设施设备管理

加强场馆内设施设备的管理，保证为顾客提供安全、舒适、满意的设备资源服务，也是体育服务质量管理的重要一环。

6.3.4 服务人员管理

体育场馆方应建立健全与体育场馆服务相适应的人员聘用、解聘程序。服务人员应具有本岗位的任职资格，如必须持有上岗合格证才能上岗。对顾客提供直接服务或关键岗位的服务人员应非常熟悉本岗位的服务规范、环境和安全等相关要求。依据服务管理等方面的要求并结合服务人员的能力状况，应定期或不定期组织场馆服务人员进行业务培训。另外，也可根据体育场馆的服务质量要求制定相应的绩效管理办法。相关示例详见本章拓展资料 2。

其中，服务人员上岗条件包括以下几个主要方面。

（1）具有符合岗位要求的专业技术证书。

（2）具有符合岗位要求的文化程度。

（3）具有符合岗位要求的健康证明。

（4）具有相应的上岗培训考核合格证书或证明。

（5）遵守职业道德规范。

6.3.5 顾客管理

来体育场馆进行体育锻炼的消费者与体验者，以及观看赛事演出的观众等都属于体育场馆的顾客。体育场馆的生存依存于顾客，场馆服务人员应及时了解顾客需求，满足顾客目前的要求并争取达到顾客未来的要求和期望。因此，体育场馆服务人员的首要工作就是识别、理解、掌握顾客当前和未来的合理需求并使其得到满足。顾客的要求是多样且不断变化的，因此，需要动态地去关注，力求“同步”，不能“滞后”。

为了进一步完善场馆的服务质量管理体系，达到提高场馆服务质量的目的，体育场馆经营者需要经常对顾客进行满意度调查，并进行分析。可通过多种方式收集顾客满意度信息，如电话回访、问卷调查、电子邮件等。另外，消费者的投诉或表扬，通过消费者组织或其他相关单位的反馈也要重视。顾客满意度的内容包括场馆服务的标准、场馆服务合同的执行情况、场馆服务人员的服务质量水平、场馆服务设备情况、场馆服务项目改进情况、消费者意见反馈等。最后通过对顾客满意度信息的分析，查找体育场馆存在的问题与不足，并加以改进。相关示例详见本章拓展资料 3。

6.3.6 服务信息管理

为保证体育服务信息的有效性，场馆应建立起服务信息的识别、保持、更新、整理等程序。针对场馆服务信息的管理，应建立场馆内部信息的沟通渠道，将体育服务过程的信息及时收集、处理、评审、报批、销毁等。

场馆服务管理文件的发布日期或修订日期应标注清楚，文字内容要字体清晰、容易辨析。确保外来文件可以得到识别，对需要保留的过期文件应进行适当的标识，防止已过期文件的继续使用。

6.3.7 服务外包管理

场馆运营管理部门与外部服务供应商签订合同或协议，将非核心业务委托给外部服务供应商，即为体育场馆的服务外包。对于体育场馆委托方而言，受托方拥有一支专业的业务管理团队，可以提升服务水平，提高服务质量。目前国内大多数体育场馆选择将场馆周边绿化、治安保卫、卫生保洁、停车管理等项目外包给专业机构管理。

服务外包项目专业运营合同中，服务委托方与受托方各自的权利、义务规定非常明确，体育场馆应根据外包服务合同，建立外包服务质量控制监督程序，通过日常监督、查阅、控制有关服务外包过程的运行记录，对外包服务进行监督、检查和审核。对外包服务中出现的问题，也应建立委托方与外包方之间沟通与解决问题的程序，这样才能够使场馆的服务能力得到保障。体育场馆组织定期对外包服务受托方的服务质量进行分析评价，并按照运营合同支付受托方相应的费用。

6.4 体育场馆服务质量的保障

6.4.1 场馆服务质量总要求

在场馆提供的各类服务范围内，为达到规范体育服务，控制和提高服务水平，给顾客提供更加满意、舒适、优质的服务的目的，场馆组织方需要制定服务质量总要求。相关示例详见本章拓展资料 4。

6.4.2 服务目标

服务目标是体育场馆在服务质量方面所追求的、可以衡量的，且经过努力是可以实现的。依据服务质量方针和目的，体育场馆组织者应对服务目标予以管理，对服务目标的实现情况进行定期考核，根据实现与实际情况进行更改完善。相关示例详见本章拓展资料 5。

6.4.3 服务承诺

为了保证体育场馆的服务质量，同时取得场馆消费者的满意和信任，体育场馆需要作出服务承诺。体育场馆应厘清相关法律法规、标准和顾客要求，确定所提供的体育服务的服务特性，对于服务特性应满足的要求应在服务承诺中予以明确阐述。

在安全、环保、人身健康和卫生等法律、法规和标准等方面承诺的基础上，服务承诺还应包括旨在提高顾客满意度和组织信誉度的承诺，应有关于针对顾客投诉和顾客人身意外伤害的相应承诺及责任安排。服务承诺不兑现时，体育馆应积极采取改造、替换、整改、解释原因等措施。服务承诺应向工作人员、顾客和其他相关方传达。相关示例详见本章拓展资料 6。

6.4.4 服务流程

体育场馆服务一般遵循以下流程（图 6-2）。

6.4.5 体育服务的监督

6.4.5.1 内部监督

应定期对体育场馆服务质量管理中的服务方针、服务承诺、服务目标、服务保障、服务质量等运营管理的过程进行检查与监督，验证场馆提供的服务是否达到服务方针、服务质量承诺以及服务质量要求的一系列规定，并有效地保持下去。相关示例详见本章拓展资料 7。

6.4.5.2 外部监督

体育场馆应就其提供的服务及服务质量向消费者收集信息，提供一种或多种有利于消费者或相关机构投诉或提出意见和建议的渠道，如电话访谈、意见箱、电子邮箱等，接受来自外部的监督和评价。应将体育场馆和其认证机构的监督电话公布在体育场馆醒目的位置，主动接受消费者与相关机构的监督。同时对监督测评结果整理形成记录，建立处理程序并予以实施。

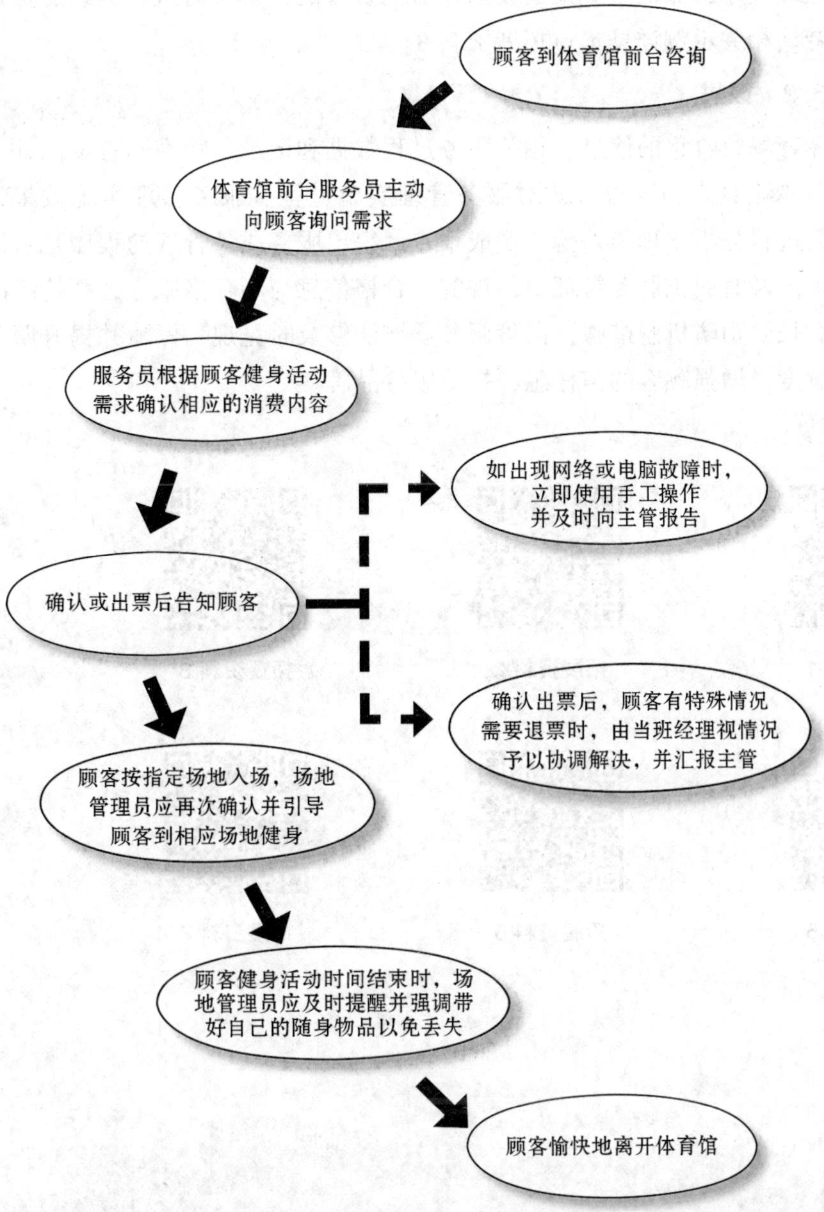

图6-2　体育场馆服务流程图

6.4.6　服务质量的改进

6.4.6.1　投诉与处理

在体育场馆服务标准下，为保证体育场馆服务人员服务质量，促使不满意的消费者主动向体育馆投诉，应使投诉程序尽可能简单、易懂，确保不满意的消费者知道去哪里投诉，如何投诉，确保让顾客感觉到他们的意见被体育场馆听取和理解。要建立完善的消费者投诉与处理程序，保证投诉渠道畅通。对消费者的投诉及时进行处理，形成记录，并反馈给消费者。相关示例详见本章拓展资料 8。

6.4.6.2 改进

通过体育场馆收集的信息、相关服务过程数据和记录、顾客满意度测评、第三方机构监测、服务承诺兑现情况等方式对服务管理实施过程、服务管理实施效果评价、服务质量保障能力进行分析整理与评价，形成报告，得出服务质量管理的程序是否满足服务管理需求的结果。及时纠正服务管理中出现的不合格信息与不合格服务，并持续改进实施服务程序，建立长效预防机制措施，保障服务承诺能够及时兑现，保障并提升服务质量，提高消费者满意度，增强顾客的信任感，打造服务品牌。

拓展资料 1

拓展资料 2

拓展资料 3

拓展资料 4

拓展资料 5

拓展资料 6

拓展资料 7

拓展资料 8

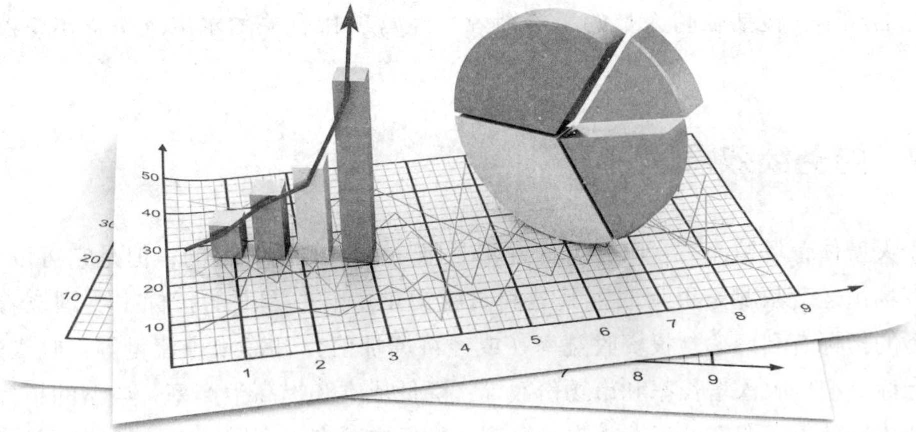

7 体育场馆运营成本分析

案例导航

7.1 场馆收支情况

7.1.1 按体育场馆支出项目分类

根据体育场馆的支出项目分类，可将营运成本分为事业支出和经营支出两类。体育场馆的事业支出，主要指通过开展体育业务活动及其辅助活动发生的成本费用，其中包括从事体育事业工作人员的工资、低值易耗品费用、水电费、各类活动竞赛的其他组织管理成本等。体育场馆的经营支出则指由开展体育专业活动及其辅助活动之外，开展非独立核算经营活动所产生的费用支出，它包括各经营性项目使用设备的固定资产折旧、项目的开发费用、体育培训的专家劳务费、广告赞助的推广与制作支出等。作为一个服务型公共事业单位，与体育公共服务相关的业务和活动的支出，是主要支出项目。

7.1.2 按体育场馆支出项目的性质分类

根据体育场馆支出项目的性质分类，可将营运成本分为固定成本和变动成本。其固定成本是指不随收入的变化而变化的成本，这类成本支出主要包括在编人员的工资、场馆设施设备的固定资产折旧、日常管理所必需的办公费用开支等。而变动成本是指随收入的变化而变化的成本，包括临聘人员的工资绩效、经营项目有关的水电气费支出、器材的消耗等。

7.2 财务绩效管理

对于大型体育场馆而言，财务方面并不是唯一追求的最终目的，但是它可以显示出，大型体育场馆运营状况是否为改善其盈利贡献力量。财务方面的指标主要围绕着获利能力，典型的指标有利润率、投资收益率（或经济增加值）和净现金流量等；收入的增加，典型的指标有销售收入增长率和市场份额等；降低成本和提高生产率，典型的指标有单位成本和费用功效等；资产的运营效率，典型的指标主要有资产周转率、经营周期（或现金周转期）和设备开工利用率等；经营风险和财务风险，典型的指标有经营杠杆、流动比率、负债比率和利息保障倍数等。结合体育场馆的特点，财务层面应包含如下三项主要指标。

7.2.1 通用财务指标

通用财务指标包括大型体育场馆总体营业收入、主营业务收入、成本费用支出、利润率、成本费用利润率、总资产利润率等。由于各大型体育场馆的组织机构不同，所以在进行财务核算时所用的方法也不同，一般来说，其主要收入来源是主办各类比赛的收入和将体育场馆出租而来的收入，主要业务在场馆中的地位可以从主营业务收入占总营业额的比率中反映出来，如商业赞助、无形资产的开发、票务收入等。

通常大型体育场馆的一次性投资都是巨大的，加上维修成本和运行费用高，使得成本费用的利润率和总资产利润比其他行业要低得多。但是，因为每一次活动的利润率都比较高，所以增加体育活动的次数成为大型体育场馆获得较好经济收益的主要渠道。

7.2.2 大型体育场馆的使用率

场馆的使用率是衡量场馆经济效益的指标之一。显而易见，场馆的使用率越高，日常的现金流就越大，它带来的利润也就越高，我们还可以通过场馆使用率看出客户对大型体育场馆的满意度。

大型体育场馆的使用率必须控制在一个合理的范围内，并不是越高越好，这个范围随着体育场馆投入使用的年限不同而不同。大型体育场馆如果长期处于超负荷状态，尤其是对大型设施设备来讲，其后果是不堪设想的。场馆使用效率的最优化问题，要根据场馆的具体情况决定，如果使用率超过一定数值，会使得场馆的各项配套设施长期处于疲劳状态，无法得到很好的修复和维护，长此以往会对场馆造成很大的损坏，严重的会造成声誉下降。

7.2.3 大型体育场馆成本的有效控制

随着体制改革的不断深化，政府资金投入大型体育场馆比例会逐渐减少。为了开拓资金渠道，弥补财政资金的缺乏，必须通过产业化运营来达到以馆养馆的目标，且要略有盈余。大型体育场馆除了追求盈利目标，还要考虑社会指标，包括满足运动队的训练、大型竞赛的承办、民众体育锻炼权利等，这会增加大型体育场馆的基本更新费用和各类体育器材的购买及维护保养费用，水、电、气、通信等费用及日常办公开支。

具体措施如下：

7.2.3.1 探索新的大型场馆资金管理机制

体育场馆管理者应增强对资金运动规律的认识，运用规律，合理配置资金，保证资金周转畅通无阻，做到产购销平衡，按资金支出的性质和用途合理分配经营活动、投资活动、筹资活动所需资金。树立资金时间价值观念，增强现金流量意识。进行项目投资时必须考虑资金的时间价值，在确保项目质量的前提下尽快投产，收回资金。加速资金周转，促进资金节约。合理利用对方信用政策中的期限政策，获取其他企业的产品和原料。在进出口贸易中，可利用卖方信贷和买方信贷筹措资金。树立现金流量观念，可根据企业不同情况编制现金流量计划，以及短期、长期现金流量预测；进行项目投资时，科学预测项目现金流入量，避免投资失误；预测偿还长、短期债务现金需要量。

7.2.3.2 应建立健全资金控制、使用制度

对资金循环过程要进行事前、事中、事后控制，将资金循环过程的资金状况和市场信息及时反馈至相关部门，以便及时采取措施。对形成的积压资金，要及时盘活。建立健全资金内部控制制度并严格执行，确保资金安全。依据场馆运营的实际情况，实行资金有偿使用，统一收支管理，统一结算制度。

7.3 场馆运营主要成本

7.3.1 建筑能耗成本——低碳节能办（运营）场馆

建筑能耗主要是指建筑的使用能耗，包括采暖、空调、供水、照明、电器等方面的能耗。中国建筑能耗巨大，建造和使用直接、间接消耗的能源已占到全社会总能耗的46.7%，现在建筑中95%没有达到节能标准，即便是新建建筑节能不达标的比率也超过80%。

2008年10月1日，《民用建筑节能条例》正式施行。在低碳经济的倡导下，体育场馆建筑节能进入实质性阶段。在体育场馆能耗中，照明、空调采暖能耗约占80%的比例，减少这两方面的费用能大幅降低体育场馆的成本。

大型体育场馆主要为重大赛事而建，投资大、规模大、运行能耗大、维护成本高，能源费用的支出往往导致运营成本的直接增加。赛后，政府大多不再继续向体育场馆投入资金，体育场馆能源和维护成本过高，已经成了影响场馆运营效益的主要因素。由于体育场馆节能意识不强、节能效率不高，节能措施往往停留在口头上，没有落到实处，对于新能源、节能新技术懒于尝试。其实，很多节能设备只要简单安装，不需要拆改场馆结构就可以起到很好的节能效果。例如，自然通风系统，其原理主要是通过对流和室内外空气温度的差异，让室外的空气从系统上部的进风口进入室内，室外温度较低空气流到底部，室内空气上升并从系统上部的出风口排出，从而实现室内外空气流通。再如太阳能的利用，体育场馆屋顶、墙面安装太阳能电池发电系统，可以将太阳辐射直接转换成电能。鸟巢就是采用的太阳能系统，100千瓦的太阳能光伏发电系统日均发电量超过200度，可以大量节省用电量。

体育场馆的低碳节能始于设计建设阶段，如某大学体育馆的屋顶采用了“光导管”技术，能收集室外的光线，并通过有放大作用的漫射器将光线均匀洒在馆内，实现日间照明零消耗。对于很多大型场馆来说，由于建馆早、设计不到位等原因，没有现代化的节能系统，这是可以通过后期积极利用新技术、新方法加以弥补的。

此外，节能减排同样贯穿于日常的运营管理中，如培养职工节约意识、采用自然光、使用节能灯、赛事活动减少一次性用品、使用雨水绿化等。部分场馆也制订了节能减排方案，将节能减排的任务层层分解，落实到每个部门、每个职工，使每位职工都明确自己在节能减排过程中的角色和任务，并根据实际情况进行考核。

充分发挥体育行业绿色低碳优势，服务于“健康中国”建设，倡导健康生活方式，推进健康关口前移，延长健康寿命，提高生活品质。倡导体育设施建设和大型活动节能节俭，挖掘体育在建设资源节约型、环境友好型社会中的潜力。

应用案例

7.3.2 办公成本——降低办公费用

俗话说，“不省不成家”。体育场馆如同一个大家庭，在创造经济效益的同时也应当节约成本，降低损耗，合理利用办公资源。场馆要树立节约的观念，引导职工养成勤俭、节约的习惯，增加其主人翁意识，使整个体育馆自觉养成节约每一度电、每一滴水、每一张纸的良好习惯。

（1）控制一般性支出。体育场馆水电用量很大，因此要加强水电设备的日常维护和管理，定期检修供水管线，防止跑冒滴漏，避免“长流水”现象。节约照明用电，充分利用自然光照明，使用节能灯具，人走灯关。

（2）严控差旅接待费。建立出差审批制度，控制出差人数及天数，严格控制接待标准等非经营性支出，削减一切不必要的开支，把资金尽可能用在业务发展上。

（3）加强办公用品管理。首先是对需要采购的办公用品，遵循物美价廉、耐用实用的原则，节约开支。其次是建立办公用品台账，规范领用制度，对日常办公用品实行在岗人员定额包干管理。最后是提倡使用电子公文系统传阅公文，减少纸质文件的印发，必要的纸质文件要采用双面打（复）印。

7.3.3 人员成本——合理配置人力资源

在我国，体育场馆一般有三种运营模式，即事业单位运营模式、混合所有制运营模式和完全承包制运营模式。不同的运营模式直接导致了不同的人员结构，人力资源配置不合理的问题在三种运营模式的体育场馆中普遍存在，其中以事业单位运营模式的体育场馆较为突出。多数事业单位运营模式的体育场馆人员严重冗余，构成复杂，有退役的教练员、运动员，体育院校毕业生及其他职业背景的人员，这些职工一般具有事业编制人员身份，他们中部分人虽具有体育运动方面的相关知识，但积极性不高，绩效考核难度也大，容易形成“四平八稳”的工作状态。

现代体育场馆的运营需要“通体育、懂经营、善管理、知法律”的复合型人才，这样的人才可谓凤毛麟角，尤其在事业单位运营模式的体育场馆，人员来源与流动较为传统，思维观念不够先进，创新动力也不足。

完全承包式运营模式的体育场馆在选人、用人上具有很大的灵活性，人员素质、能力、创新力相对较好，能者多劳、多劳多得的薪酬制度能够更好地调动大家的工作积极性。由于运营模式清晰，复制性强，在体育场馆业务扩张时，需要大量场馆经营、市场开发等方面的人才。解决人才瓶颈，仅靠引进专业人才是远远不够的，更重要的是建立完善的人员培训途径，组建起高水平的体育场馆运营队伍。

国外体育场馆在人力资源配置方面的经验值得我们借鉴，即按日常工作量配置人员，在赛事举办期间根据需求临时抽调、聘用工作人员。

应用案例

7.3.4 时间成本——优化活动流程

无论采用何种经营管理模式，体育场馆尤其是大型体育场馆的公益性地位是不变的，都要承担起服务全民健身的社会公益职能。体育场馆主要收入来源有赛事演出、社会培训、全民健身收入和场馆租赁收入四个方面，其中赛事演出是重中之重，约占到总收入的40%。

一场赛事或活动的成功举办，需要做的工作千头万绪，抓住主要的、关键的环节，才能纲举目张，有条不紊。

在赛事组织中，需要各种资源的整合配置，硬件上人力、物资、设备的调拨，软件方面如方案策划、宣传、现场接待、技术支持等，都要反复斟酌，甚至要多次预演。之前，大型体育场馆在筹备赛事时，执行的是“三进两出”，也就是提前三天进场，配置所需设备，比赛结束两天内恢复场地布置。其实，如果流程安排得当，完全可以实现“连夜进、连夜出”。目前，大型体育场馆已经实现这种高效的场馆运行方式，大大提高了场馆利用率。

7.3.5 空间成本——提高空间使用率

大多数的体育场馆是为承办某项重大赛事而建。为了赛后体育场馆能够满足服务社会大众的需求，在建设时就应该考虑到赛后利用的问题。一般情况下，体育场馆所举办的非体育类活动要超过体育类活动，非体育竞赛的收入也是体育场馆的重要收入来源，因此要重视体育场馆的空间开发及利用，保证体育场馆既能够满足比赛要求，同时也能够满足非赛事活动的需要。例如，合理使用活动座椅，可以轻松地解决观赛座位的问题，赛后及时撤出，为大众健身及其他非体育活动提供空间，实现“小场馆、大空间”。

升级硬件设施，增加场馆适用性与功能多样化。以北京大学生体育馆为例，2000 年时，馆内一层有 12 块羽毛球场地，群众健身的高峰时段场地明显紧张，观察到将二层的固定座椅改造成活动座椅后，可以扩大空间。大型比赛时，座椅可以满足观众座位的需求，平时座位收起，可以空出活动场地。和负责建筑施工的部门沟通后，按照改造方案对体育馆的二层进行了改造，最终二层区域净增活动场地 1800 平方米，新增了 6 块羽毛球场地，年收入净增 100 万元。当时每个活动座位的成本是 400 元，改造费用为 70 多万元，但后期收益远大于成本，改造后的场馆不但满足了大型比赛的功能要求，而且满足了全民健身的需求。

体育场馆要布局合理，才能更充分满足赛事需求。北京大学生体育馆最初是按篮球比赛的要求筹建的，内部被隔成了很多小房间，每个房间三四平方米。篮球场地在一层，灯光、计时记分系统操作间在四层，大型活动使用时非常不方便。2001 年世界大学生运动会后，将灯光、计时记分系统操作间移到了一层紧挨篮球场地的位置，便于及时操控。多个小房间被打通，换成玻璃隔挡，整个馆看起来非常通透明亮，采光也很好。

体育馆外有 4 个观众入口，入口的下方是架起的空间，平时堆放一些健身器材，出于充分利用空间的考虑，将 4 个入口角分别改成了一个健身房、一个开票处，另外两个空间改造为办公用房出租给企业。这样，经过改造整合的空间也可以带来不少的收益。

单一草坪往往不能满足不同类型比赛的要求，日本札幌穹顶体育场（图 7-1）最大的特色，是它为棒球及足球设置两组不同的竞赛场地，棒球赛使用人造草地，而足球赛则使用在比赛时才移进场内的天然草地，因为地板是可以动的，转换起来就非常方便，而且也便于维护。另外，当场馆要用于演唱会等娱乐活动时，草坪还可以整个儿挪出，减少草地被践踏的损失。

图 7-1 日本札幌穹顶体育场

8　未雨绸缪，方能安全

案例导航

案例表明，体育场馆的建设是一个大型工程，在体育馆建造时期就存在许许多多的风险管理问题，在即将收尾的馆顶工程中，或是在进行馆顶防水的铺设、焊接中，稍有不慎就可能酿成火灾。

近几年来，伴随着体育产业的快速发展，尤其是《全民健身计划纲要》的提出，以及各种赛事和大型活动频繁举行，社会对于体育场馆的需求量越来越大，体育场馆受到前所未有的重视。数量增加、使用频率提高，风险也随之而来。风险管理也被场馆管理者日渐重视。体育场馆进行的各种临时性活动会涉及几个方面的人群甚至众多的大型公司，其核心对象包括运动员、健身爱好者或演艺人员，还有众多的球迷和观众，企业赞助方等。一个临时的赛事或演出，各类人员共同在这样一个物理空间里组织活动，由于各种原因，存在着许多不确定因素，很容易会出现一些风险问题，造成一些安全事故。最近几年中国举行的大运会、亚运会、奥运会，以及北京冬奥会等，都可能存在着风险管理问题。只有提前关注这些风险问题，才可以进行有效的预防和排除。

8.1 什么是风险管理

风险管理是指对由突发的非预期的特殊事件或故意侵权事件所造成的人员财物的风险进行控制。

体育场馆风险管理是指体育场馆管理者在利用体育场馆向消费者提供产品或服务的过程中，对突发的非预期的影响活动正常进行的，导致参与者伤亡、权益受到侵害，经营者受到损失的风险进行控制。

举例来说，体育场馆的管理者必须不断地将顾客的伤害降到最低点，即使人员滑倒及跌倒的意外都可能会被起诉。此外，财物的损失也可能因意外而发生，如暴力行为、草率地签订合同、设备的损失损坏以及停车场照明设施的照明不足都会导致意外事件。体育场馆管理者首要的目标就是降低这些经济上的损失，同时更有效率地管理体育场馆，这些目标或许听起来很简单、很容易，但实际做起来并不是那么容易。

8.2 场馆风险特征

8.2.1 高安全事故率

体育场馆的建设是一个大工程，需要花费较长的时间，在此期间难免会发生一些预料之外的安全问题，如出现人员摔伤、高空坠物，还有本章开篇所举的火灾事故等。当然，体育场馆建成运营也存在较高的事故和伤害安全风险，这是由体育场馆的运营性质决定的。体育场馆开展活动会吸引大量的人员聚集，参与人员素质参差不齐，风险意识低，非常容易引发风险问题。

8.2.2 产品质量难以把控

体育场馆经营的产品以无形服务为主，主要是为了吸引消费者，迎合广大消费者的喜好。体育场馆生产的无形产品是难以把控的，无法进行试验、调试、修改，并且只有消费者作为检验者。大家都知道，人心最难猜测，不同的消费者由于心情、兴趣、性格等因素对同一体育场馆服务会有不同的主观感受，这使得体育场馆很难把控产品质量。

8.2.3 涉及范围广

体育场馆是用来进行活动的场所，平时举办活动和赛事会吸引大量的人员聚集在体育场馆。这样就使得体育场馆人员密度大，人员快速活动范围有限，再加上体育场馆人员情绪不稳，当有意外发生时，会涉及多数人员。例如，在体育场馆发生塌陷事故时，会影响到多数人员的生命财产安全。

8.3 场馆风险管理流程

为了使体育场馆风险降低，体育场馆风险管理需要有一定的规范流程。一般可以从风险计划、风险识别、风险衡量、风险控制四个环节进行管理。

8.3.1 风险计划

风险计划是体育场馆风险管理的首要任务，可以说成功的风险管理计划已经完成了一半的风险管理任务。风险计划是体育场馆风险管理过程的简单概述，它描述了体育场馆在建设和运营过程中风险管理活动的一整套策略以及详细的措施、方法和手段。风险计划涵盖了体育场馆风险管理的目标、人员安排、组织构架、行动方案，合适的风险管理办法，确定风险判断依据、监控形式和具体的时间计划等，这些计划内容的实施在一定程度上可以降低风险的发生，或把风险损失降低到可以接受的范围之内。

8.3.2 风险识别

风险识别就是要识别体育场馆建设与运营中可能造成风险的因素，并将其归纳、综合分析，从而确定风险发生的来源、发生的条件、风险的特征，从而判断出哪些风险事件可能影响到体育场馆的建设和经营。体育场馆风险识别的整个过程复杂而艰巨，需要一定的耐心。场馆管理者首先要寻找并确定可能造成体育场馆建设与经营风险的因素。其次，将找到的可能造成风险的因素进行仔细归纳、分析，总结出可能发生的风险。再次，需要将罗列出的一系列风险设立风险清单。风险清单必须仔细审阅，全面客观，不能遗漏主要风险，避免给场馆造成不可估计的损失。最后，将风险清单中的风险归类总结，使风险管理者进一步了解存在的风险，在风险管理中更有目的性，为下一步工作做好准备。

8.3.2.1 风险识别的方法

风险识别有定性分析、定量分析两大方法，我们可以根据实际采用适当的分析方法。

（1）定性分析法：德尔菲方法、访谈法、清单法、头脑风暴法、风险地图法、风险矩阵图法等。

（2）定量分析法：决策树法、统计模拟法、敏感性分析法等。

8.3.2.2 常见的体育场馆风险

体育场馆风险复杂而繁多，需要场馆管理者不断去探索、发现、总结。在此列出一些常见的体育场馆风险。

（1）体育场馆场地的设施设备、器材质量引发的风险。体育场地设施设备安装、使用、维护不当引发的风险，体育场地设备器材的质量问题引发的风险，体育赛事或大型活动中场地器材、用具等布置不规范、不合理引发的风险。

（2）场地设施问题引发的风险。体育场地设施质量原因，部分设施老化、破损或磨损而未及时发现或处理不当引发的风险，如看台坍塌、围栏断裂、地面磨损严重导致的风险问题；设计缺陷造成的体育场地设施上的薄弱环节引发的安全事故，如安全通道过窄、过少，消防设施不全，场地的承受能力不符合所承办活动的要求等。

（3）场馆场地内消防安全因素引发的风险。消防人员配置不够、违章操作、使用明火（电焊等）不当造成的火灾，如电焊、氧割、活动释放烟火项目等；体育场地内设备器材的电器超期、电路老化和违规使用引发的火灾；人为因素引发的火灾事故，如乱接电源线、乱扔烟头等；自然因素引发的火灾事故，如雷击等。

（4）体育场馆管理风险意识薄弱、人员管理水平欠佳引发的风险。针对设备、器材的使用者进行培训、指导不够引发的风险，如工作失误造成的触电、溺亡、烫伤、摔倒等安全事故；规范制度执行不严造成的疾病传染等事故；安全意识淡薄造成的盗窃、遗失等。

（5）突发事件引发的风险。由观众过于拥挤而引发的踩踏事件，自然灾害引发的灾难性事件，不法分子的犯罪行为引发的社会治安事件等。

8.3.3 风险衡量

风险衡量是对风险清单中所有风险进行更全面的分析、归纳，目的是将所有风险项进行由强到弱的排序，整理出最有可能发生的风险项，采取必要的应对措施，最大程度降低风险。风险衡量主要关注两点，即风险发生的概率大小和造成损失的严重程度。通过对两点的分析运算，从而找出最大可能发生的严重的风险，并在此基础上提前作出防范，采取必要措施。风险衡量的内容有：风险事件发生的规模大小、风险事件发生的可能时间、风险事件发生的概率、风险事件发生的损失多少、风险事件发生的影响人员等。

8.3.4 风险控制

风险控制就是在体育场馆风险衡量的基础上，对不同的风险采取相应的解决措施。对于一些能够直接控制的风险或是相当严重的、关键位置的风险可以采取措施直接应对，使场馆风险降低至可控范围内。对于一些影响较小的风险或是无法控制的风险，可采取监督控制的办法，随时应对风险的发生。风险控制通过对体育场馆运营风险因素的综合分析、衡量，判断出场馆所有风险项的发生概率以及会造成的损失规模大小，在此基础上，针对相应的实际风险状况，采取科学合理的应对措施。当然，风险控制也涉及风险的监督行为，场馆管理者要时刻跟踪风险项，随时对风险进行反馈控制。

8.3.4.1 风险控制方法

体育场馆风险控制的办法有很多，总体可以归纳为三个字：除、留、缓。

（1）除：去除，处理。在体育场馆建设或经营初期对项目的风险有所了解的情况下，根据风险的具体特征，获取大量的信息，采取取消、转移、新工艺替代等措施，将风险移除，确保在体育场馆建设与运营期间该风险不会发生。

（2）留：保留，自留。体育场馆管理者可以将一些发生概率较小和损失程度较轻的风险，自行保留下来，进行控制管理，这一部分风险即使发生，也不会对场馆建设与运营造成严重的影响。

（3）缓：缓解，降低。体育场馆管理人员对于一些不能割除又必须留下来的风险只能采取缓解、降低的办法。管理者可以改变一些风险发生的因素，通过事先控制或应急预案使场馆风险在项目期间不会发生或即使发生后也能将损失降到最低。

8.3.4.2 常见的体育场馆风险的防范措施

（1）认真执行体育场地建设的国家及行业标准。对体育场馆场地的规划设计、建设，应广泛、逐项吸取同类型、同规模体育场馆场地的相关经验教训，认真听取体育场馆场地运营、管理、使用等方面的意见和建议。

（2）完善场馆安全管理责任制和网格化管理。安全责任重于泰山！将安全作为体育场馆运营管理的重要事项，防患于未然。进行网格化管理，将每一项安全工作落到实处，抓细节安全管理，"细节决定成败"。重视对所有员工安全意识的培训，培养员工严格执行规章制度的意识和能力，坚持重要岗位的员工必须持证上岗规范操作，提高每个技术人员的专业技能，杜绝一切违章操作的现象。

（3）加大对体育场馆场地风险防范的巡查、检查力度。对不符合《公共场所安全管理条例》及相关安全管理条款的体育场地，逐条进行落实整改，消除一切风险点，直至体育场地安全无误。对已建成开始运行的体育场馆场地进行严格安全检测，尤其是消防、电力方面，定期、定量对场馆场地设施设备进行安全性能评估，不符合安全要求或有安全风险的活动项目坚决取消。相关示例详见拓展资料 1 和拓展资料 2。

（4）与政府、公安、消防、急救、防疫等部门联合行动。制订突发性事件应急处置的预案，组织群众进行突发性事件安全疏散、自我保护知识的学习和演习。

（5）严格管理和疏导体育场馆场地内外秩序。建设文明的场馆环境，严禁在体育场馆发生不文明行为和违法乱纪的行为。

8.4 日常运营风险管理

体育场馆的日常运营风险管理是指体育场馆在没有举办大型赛事或大型活动的其他时间里的运营风险管理。体育场馆日常风险管理是体育场馆风险管理的薄弱环节，一般管理者对其关注度较低。

8.4.1 日常运营中的风险

8.4.1.1 人员伤害风险

体育场馆人员伤害是体育场馆日常运营常见的风险问题。

体育场馆日常运营时不会像举办大型赛事活动期间那样人山人海，也不会因人员过高的情绪波动带来大规模伤害。日常运营所涉及人员几乎都是日常健身、活动的消费顾客，顾客来场馆的目的是放松心情、健身等，发生风险常常在小范围内，但是顾客受到伤害也是不可避免的。顾客在日常活动中偶尔会由于各种不注意造成伤害。例如，顾客在没有专业指导员的陪同下错误使用场地器材造成运动损伤，在场馆摔倒、跌倒等。

8.4.1.2 场地器材破损

体育器材是体育场馆日常运营的基础物质条件。体育场馆日常运营靠出租场地、器材带来盈利。场馆在日常运营中偶尔会发现一些器材由于运动者的不注意或者错误行为而破损，不能正常使用，或者在清点器材设备时发现丢失几样器材，这些都会给场馆正常运营带来一定的损失。场地器材破损的风险偶有发生，需要场馆管理者采取正确的预防处理措施。

8.4.2 日常风险管理存在的问题

8.4.2.1 日常运营管理机构不健全

场馆日常运营的管理机制与赛事活动期间的管理机制有很大差异。在赛事举办期间，经费充足，人员聚集，对于赛事各方面关注度高，机构设置完善、充分，设有专业的风险管理部门。日常运营管理中，为精减开支，管理机构大部分都是由 1 位总经理、2~3 位副总经理、办公室、场地管理部门、后勤保障部门、市场部门和财务部门构成，往往缺乏风险管理部门和监督管理部门。因此，在日常运营管理中，常常会有风险发生，并且风险会持续不断。体育场馆需要合理评价分析体育场馆运营管理机构设置，从而实现安全稳定的运营机制。

8.4.2.2 日常运营风险管理机制不完善

中国体育场馆风险管理的理论研究起步较晚，大部分研究也只聚焦在体育场馆举办大型赛事活动期间的风险管理上，对日常运营风险管理风险关注度较低。体育场馆往往没有专门针对体育场馆日常运营的风险管理机制，专门的风险管理规章制度也很缺乏。体育场馆日常运营风险管理方式仅仅存在于各种规章制度、相应管理机构和应急预案当中。这种风险管理方式在一定程度上会造成员工风险管理的意识淡薄、管理人员对日常风险关注缺乏的现象，对体育场馆日常运营构成较大的潜在风险。

8.4.2.3 日常运营风险管理评价体系缺乏

体育场馆日常运营风险管理的理论不完善，没有针对性的风险管理机构和管理机制，风险管理方式仅仅以简单防范措施的形式存在于各种规章制度、管理机构和应急预案当中。因此，场馆日常运营缺乏风险管理的评价体制。场馆日常运营经常性处理措施都是以以前的经验和保险公司提供的意见为基础制定的暗含防范运营风险的各种措施，这些措施往往很难防范和应对新形势下的场馆日常运营风险。

8.4.3 日常运营风险应对措施

8.4.3.1 设立专项的风险管理部门

体育场馆日常运营要设立专项的风险管理部门，建立健全日常风险管理制度及风险评价体系。风险管理部门可以针对日常运营可能存在的风险不断地进行风险控制、监督。部门制订日常运营风险管理计划，并且派遣专业人员负责风险管理计划的执行，在最大程度上降低风险的发生。

8.4.3.2 提高员工风险管理意识

风险管理与体育场馆的每一个人都有关系，员工也要为场馆承担一定的风险责任。任何一个风险管理任务都只有在全体员工的通力配合下才能得以完成。对体育场馆的所有员工进行严格的风险防范业务培训，提高每个员工的风险管理意识，帮助他们知晓、熟悉各个岗位的操作流程，使其在实际工作中能够顺利、准确地执行风险管理任务，避免潜在风险的发生，并且尽可能地发现现有风险管理中存在的一些不足和问题，不断改进和完善风险管理计划。

8.5 大型活动风险管理

大型活动风险管理是指大型活动组织者，尤其是体育场馆的运营管理者对筹办、承办、举办大型活动过程中存在的可能危害组织者利益的不确定性潜在风险，通过对风险的识别、定性定量分析，采用合理的经济、行政和技术手段进行处理，达到降低事故、损失、伤害，以最低的成本获得最大安全保障的一种管理行为。

8.5.1 大型活动风险管理的过程

依照体育场馆组织或承接的大型活动组织的阶段性，可将大型活动风险划分为申办阶段风险、筹备阶段风险、实施阶段风险、结束阶段风险。

8.5.1.1 申办阶段风险

申办阶段风险是指在大型活动的申办过程中，体育场馆由于受外界环境或场馆内部条件限制的影响，可能给体育赛事的申办造成损失的所有不确定因素的总和。

8.5.1.2 筹备阶段风险

大型活动（包括大型体育赛事）申办成功后就进入了筹备阶段。在这一阶段主要面临着当地政府支持度、赞助资金到位情况、电视转播、门票销售量等一些不确定因素给体育场馆管理者带来的风险。

8.5.1.3 实施阶段风险

在大型活动（包括大型体育赛事）正式举办期间，因政治、经济、气候、人力、物力、技术等方面的不确定因素，而出现比赛变更、延期、人员伤害、财物损失等体育场馆管理者所面临的风险。

8.5.1.4 结束阶段风险

在活动结束收尾的一段时间，物资撤场、赞助资金余款收缴、观众印象好坏、举办场馆口碑等社会效益都是体育场馆管理者所要面对的风险。

8.5.2 大型活动风险管理的种类

按照体育场馆组织或承办大型活动的管理要素，大型活动风险可以划分为人员风险、设施设备及器材风险、财务风险、时间风险、信息传递风险。

8.5.2.1 人员风险

“人”是最核心、最关键的因素，也是最重要的管理要素。大型体育赛事活动的工作人员团队多是临时组建而成的，主要包括官员、运动员、教练员、裁判员、志愿者、活动管理人员和中介人员等，涉及人员较多且身份复杂。比赛过程中，观众可能会随着现场气氛不由自主地出现情绪波动。因此，对人员风险进行分析时可以围绕大型活动产品的组织者（体育场馆管理者）和大型活动产品的消费者（观众）这两类主要人员所面临的风险进行分析。

体育场馆管理的员工因素是核心因素。因为这些员工操作控制着体育馆的主要设施设备，如果员工的素质不高，在关键的时刻不给力，不按照正常的程序进行操作，不配合体育馆的活动流程，那么在承办大型比赛或者活动的时候就会有较大的风险。例如，音响师在操作关键的颁奖仪式的音乐时，与升国旗必须协调配合，同时进行，不能有丝毫的误差，否则就是重大的事故！这些都是在场馆风险管理中要特别注意的。

应用案例

8.5.2.2 设施设备及器材风险

设施设备及场地器材主要是指大型活动进行时所凭借的必要的物质条件，是体育场馆进行大型活动必备的硬件条件。它所面临的风险主要表现在以下两个方面：

一是设施设备自身安全风险，即一切与大型活动有关的设施设备、体育器材等各种固定资产，在安装、维护和使用期间由于意外事故、使用不当或人为操作而引发的失效、损毁等。设施设备的风险主要存在于设备的运行当中，多是由于平时维护管理不够造成的。平时我们让音响设备进行长时间运行，进行“烧音响”，就是为了确保在活动时不出问题，防止设备出现“卡壳”现象。

二是体育场馆场地器材设备导致他人损伤的风险，即场地器材设备因设计、使用不合理等原因而给他人造成的危险。例如，篮球架篮板质量问题导致运动员扣篮时出现严重崩裂现象，由于体育器材设计不合理而导致运动员受伤等。

应用案例

8.5.2.3 财务风险

财务风险是指大型活动所从事与资金有关的各种行为中存在的风险，主要包括经费筹集和资金回收两方面。例如，通过招商进行的经费筹措，在其整个过程中，完全依据招商时承诺逐一兑现，即使其间出现任何不可控变化，也要尽其所能实现招商时的各项条款，有时甚至要大于承诺的内容及数量，否则就会发生余款滞纳、收不回来的风险。

8.5.2.4 时间风险

时间风险是指在一切活动运作过程之中，所有受到时间影响而产生的不确定因素的总和。一般活动的时间风险包括时机确定和过程两个方面。假如活动时机确定不恰当，或对环境、过程判断不准确，又如大型活动时间安排选择不当，具体的各个项目的时间安排不妥当，就可能导致活动本身出问题，个别环节就会出现混乱，扰乱活动整体安排。因此，恰当的时机确定和过程细节的安排对各种活动的成功举办非常重要。

8.5.2.5 信息传递风险

信息传递风险主要是指在进行活动时相关信息的传递，由于相关内容不完整或未能及时传递到位，影响负责人决策而产生的风险。例如，在各种活动进行中组织的各种的临时会议，组织方希望尽快“原汁原味”地将信息传递到每一个岗位和每一位参加人员，以确保活动正常顺利地举行。例如，信息的传递可以是口口相传，也可能是利用网络手段，无论哪种，都应该是正常顺畅的。网络仪器设备出了故障或人为破坏等，均会导致信息内容的不完整或丢失，数据的完整性、准确性遭到损坏。所以，在进行信息传递过程中，要多利用高科技手段加以防范，尽可能避免信息传递风险的发生。

8.6 突发事件风险管理

突发事件管理有很多指导方针，但是体育场馆管理者可以预先提出一些处理计划，例如，“计划的目的是什么?”“哪些是需要去完成的?”发展突发事件管理计划是一个持续不断的过程，它必须成为组织风险管理计划的一部分，来提高计划的可行性。

8.6.1 突发事件的范围及类型

一项突发事件可以通过其类型和范围加以界定。突发事件的类型主要有火灾、自然灾害、技术灾害、其他紧急情况等（表8-1）。

表8-1 突发事件的类型

火灾	自然灾害	技术灾害	其他紧急情况
火灾	地震、恶劣天气	建筑意外、交通运输意外、停电、停水	骚扰或破坏、医疗突发事件、偷窃、恐怖行动

8.6.2 突发事件处理计划的步骤

虽然没有一个计划是完备的，但是在计划过程中，场馆管理者必须回答的问题包括：“我们要规划的突发事件，其范围和类型有哪些?”这个问题回答后才能继续回答下一个问题：“需要完成哪些事?”处理这些问题时需要按部就班的作业过程和凡事先充分准备的态度与习惯。步骤包括建立突发事件规划小组、制订突发事件管理计划、执行突发事件管理计划以及管理突发事件管理计划等。

8.6.2.1 建立突发事件规划小组

根据场馆运营的实际情况，成立突发事件规划小组。必须有负责人负责管理计划，但小组的人数与组成必须与组织规模相符。小组成员都必须是积极主动的，虽然有些人负责较多的工作，但组织从上到下所有阶层都必须参加。如果组织成员有归属感，也就是说他们的观点受到重视并且与组织相结合，那么突发事件管理计划就更加可行。此外，小组的形式会将更多的知识和专业技能运用到规划上。小组运作通过内部的互动可以建立更加密切的专业关系。突发事件管理计划是一个团队计划，必须通过团队的方式来发展，计划才有意义。

虽然建立突发事件规划小组的方式不可能千篇一律，但是仍然有一些要点需要特别注意。第一，不论所规划的突发事件种类和范围如何，组织内的所有成员都必须投入，这是工作内容的一部分。第二，规划小组必须获得组织的授权。虽然组织全面参与很重要，但小组最后必须获得授权才能推动计划。要记住最终的目标是执行紧急计划，可邀请外部机构的专家担任小组成员或顾问。

8.6.2.2 制订突发事件管理计划

以上步骤完成后，接下来就是完成任务。虽然制订突发事件管理计划并不容易，但计划内容却往往简单明了，以疏散计划为例，参见表 8-2。要建立完善的体育场馆突发事件管理计划，计划小组必须达成可衡量的目标。一旦确定了突发事件计划的范围和种类，需要建立任务与责任检核明细表，以便检查小组成员完成任务的情况。整个计划的内容，可以就突发事件发生之前、之中、之后的各种状况进行描述。

表 8-2 突发事件管理计划：疏散

序号	项目	具体明细
1	列出所有紧急电话号码	当地的紧急医疗系统、医院、消防队、公安
2	制订可传达的计划	①建立各种可传达的计划方案。②建立书面的责任与职责。③制订紧急疏散程序——场馆规划、疏散线路、集合地点（包括残障人士）
3	疏散前重要的任务分派	①明确的责任。②特定的人选。③将疏散程序书面化
4	清点工作	①指定场馆安全区域。②点名程序。③汇报场馆管理者受伤人数
5	医疗与救护	①明确任务。②选定人员。③将抢救程序书面化。④确保人员受过医疗或抢救训练，确保每一个人具备医疗或抢救能力
6	信息沟通	指定专人负责回答问题
7	设置适当的指示牌	①设置在明显地点。②更新指示牌内容

必须记住，要对组织本身的能力进行分析。首先，确定组织内部有什么资源可用于突发事件管理计划。如果该组织无法处理计划中设定的突发事件，那么再详细的计划也无法解决问题。如果组织内部的资源确实不足，那就必须从外部获得资源，而且应有替代方案。

在完成组织能力分析后，需要进一步确认计划是否符合国家、地方的法律、法规、条例等规章制度。2006 年 1 月，国务院发布《国家突发公共事件总体应急预案》，指出突发事件又称“突发公共事件”，指突然发生，造成或可能造成重大人员伤亡、财产损失、生态环境破坏和严重社会危害，危及公共安全的突发事件。突发公共事件分为四类：一是自然灾害，主要包括水旱灾害、气象灾害、地震灾害、地质灾害、海洋灾害、生物灾害和森林草原灾害等。二是事故灾难，主要包括工矿商贸等企业的各类安全事故、交通运输事故、公共设施和设备事故、环境污染和生态破坏事件等。三是公共卫生事件，主要包括传染病疫情、群体性不明原因疾病、食品安全和职业危害、动物疫情以及其他严重影响公众健康和生命安全的事件。四是社会安全事件，主要包括经济安全事件、涉外突发事件等。

接下来是撰写计划。分配小组成员负责撰写子计划，安排明确的时间进度表。如果计划没有书面化，就无计划可言。没有初稿就不会有最后的定稿。

最后是申请核准。除非获得核准，否则紧急医疗与疏散计划是不存在的。计划不仅必须是正式的计划，而且必须符合组织的行为方式。

8.6.2.3 执行突发事件管理计划

一旦突发事件管理计划完成，就必须在大型活动中执行。执行中，必须使计划成为组织或是大型活动筹办进行中的一部分。如果能够完善相关突发事件预案，那么突发事件管理计划就能与体育组织的文化互相结合。同时该计划必须发给组织内的重要成员。此外，突发事件管理计划还应该送到大型活动的主办方、承办方、协办方等相关单位，从而真正落实方案的内容。

8.6.2.4 管理突发事件管理计划

体育场馆管理者必须指派风险管理代表，赋予其相应的职权来激励与领导组织成员。有些场馆会招聘专业场馆管理人员来管理突发事件管理计划，时刻对场馆风险进行监督、检查，达到随时应对突发事件的预期目标。

应用案例　　拓展资料 1　　拓展资料 2

9 多维思路下学校体育场馆运营之路

案例导航

9.1 学校体育场馆向社会开放

9.1.1 政府层面的态度

2016 年 10 月 14 日，时任总理李克强同志主持召开国务院常务会议，确定进一步扩大国内消费的政策措施促进服务业发展和经济转型升级时，就提出“推动学校、企事业单位体育设施向社会开放”。其实，中国各级政府一直在致力于宣传、引导、扶持大、中、小学校体育场馆扩大向社会开放的工作，无论是从法律政策上、资金上，还是在人力物力投入上，都给予了较大程度的扶持。对于推动各种学校体育场馆开放尤为重要的一次会议，应该是 2006 年 8 月 6 日至 7 日，教育部、国家体育总局在上海联合召开的“全国学校体育场馆向社会开放工作会议”。这次会议讨论并印发了《全国学校体育场馆向社会开放试点区工作会议纪要》的通知，对全国学校体育场馆向社会开放试点工作进行了整体的部署，宣布了试点领导小组和工作小组名单，与各试点区有关省（市）签订开展试点工作协议，并向试点学校授予“全国学校体育场馆向社会开放试点学校”牌匾；另有5个场馆开放先进单位介绍了本单位学校体育场馆向社会开放的模式和经验。这一系列的举措标志着全国学校体育场馆向社会开放试点工作的正式启动，也表明了各级政府对于学校体育场馆向社会开放这一战略举措的高度认可和肯定，并寄希望于学校体育场馆的开放能够更好地服务于我国全民健身计划。

9.1.2　学校层面的态度

学校体育场馆对社会开放在某种程度上可以配合全民健身计划的开展，满足周边社区百姓的健身需求。有条件的学校还可以通过体育场馆的社会开放取得一定的经济收入，弥补学校场馆设施运营中的资金缺口。但在实际的学校场地开放过程中也存在很多问题，尤其是安全方面的问题，已成为场地开放的瓶颈。部分学校开放体育场地在无形之中就承担了无限责任，出了“问题”就找学校索赔，令学校疲于应付。

应用案例

9.1.3　校外运动健身人员的态度

假如您是城市某学校周边家属区的居民，恰巧您也是一个运动健身的爱好者，能够便捷参与自己喜欢健身活动自然就成了生活中的一大乐事。这也是积极响应社会广泛推行的“五分钟都会生活圈计划”。

对于大部分群众来讲，我们的“五分钟都会生活圈”内理应包含以下地方：高尚优雅的住宅区、师资雄厚的中小学校及知名的高中或大中专院校、供大家娱乐的广场公园、快捷便民的宾馆或酒店、大中型商业购物休闲中心、各类商务写字楼等，当然，完备的体育场馆设施设备也是“五分钟都会生活圈”的重要组成部分。体育场馆设施设备尽可能与生活圈的其他组成部分互为交融，彼此相互协作，共同为广大群众提供舒适的生活环境。这些体育场馆设施设备有的坐落在学校的体育场馆，有的安置在社区便民健身设施与场地，有的分散布置在公园、商场等区域或活动空间。然而，假如我们所居住小区附近的学校体育场馆设施不对外开放，周边的体育场馆设施又十分匮乏，顺利参加一次运动健身活动必须要驾车或者乘坐其他交通工具，且耗费较长时间才可以实现，这个过程无形中给我们带来的损失是非常之大的，不但浪费我们的时间，还浪费不必要的体力和精力，甚至一定程度上增加了交通的拥挤程度和路途上潜在的安全隐患。相反，假如我们周边学校的体育场馆是对外开放的，上述的一些问题都迎刃而解了。

因此，我们可以大胆地断定，校外运动健身人员对于学校体育场馆对外开放是持肯定态度的，而且是十分迫切的。尤其是近些年来，随着人们生活水平的提高，越来越多的人悟透了“生命在于运动”这条真理，参与运动健身已成为越来越多民众的常规需求。学校体育场馆作为我国体育场馆的主力军，定然有着巨大的作用，更何况学校体育场馆无论是在数量上、质量上，还是在环境上都较一般的社会体育场馆要优越得多，这也是广大校外体育爱好者迫切希望学校体育场馆对外开放的重要原因。

9.1.4 校内师生员工的态度

学校体育场馆的数量是有限的，假如你是一名学生或者一名普通的校职员工，平时没有课的时候跟自己的同学或者同事一起约时间打球、游泳、聊天自然会是一件非常美妙的事，而且学校的体育场馆大多是对学校师生员工免费或者以极低的价格开放，可以说在校园里能够享受到非常好的体育场馆硬软件服务。但是，一旦学校体育场馆对外开放的话会是什么结果呢？我们可想而知，大量的校外人员涌入校园，社区的老年人、小孩、孕妇、社会青年、各种闲杂人员都可以轻易地进入校园之中，篮球场的人多了，排球场的人多了，田径场的人多了，校园里一时间“鱼龙混杂”。试想这个时候你再和你的同学或者同事们去打球，场地都难寻，有时候被迫无奈还得跟人商量“打接拨”，高峰期时一个篮球架有二十好几个人轮流使用，无形中浪费了许多时间。有时候在打球过程中由于肢体的碰撞出现一些口头上的辱骂挑衅，甚至导致打架斗殴现象的出现，给学校正常秩序带来了巨大的影响，严重影响到学校师生员工的体育场馆需求。因此，可以断定：校内师生员工对于学校体育场馆对外开放大多是持否定态度的。

综合以上几个人群关于学校体育场馆对外开放问题的态度，我们不难看出，各方面群体都有自己的立场，都有各自的见解，都有自己的难言之隐。但是从整体来看，落实好学校体育场馆对外开放工作是一项系统的工程，必须有组织、有计划、有条理地开展，要把握全局去看问题，现在摆在我们面前的问题不仅仅是开放的问题，最重要的是如何把控好开放的“度”，即对外开放的策略、对外开放的方式方法、对外开放的管理等事项。很明显，这些才是学校体育场馆对外开放的要务。本章将就这些相关的事项进行集中的分析论证，希望大家能从中有所收获。

9.2 学校体育场馆的功能

根据以上案例的情况，我们首先要明确，学校体育场馆具备哪些功能，能够发挥哪些职能作用。

9.2.1 体育教学、训练功能

大家都知道学校体育场馆的基本功能是满足学校体育教学，同时还需要兼顾学生日益增长的运动训练需求。体育教学功能是学校体育场地的主要使用功能之一，它是完成学校体育教学任务必不可少的教学场所，是实现学校体育教学目标的有效工具。任何一个学校的体育场馆都是为了服务于学校的体育教学和训练。我们的体育课在哪上？肯定主要在体育场馆里进行。学校的体育教学、训练工作常态化开展基本还是要依赖于学校的体育场馆设施，这一功能是其他场所不能替代的（图 9-1）。

图 9-1　体育教学、训练功能体现：为体育课提供场地

9.2.2　服务课外体育活动功能

课外体育活动形式多样、内容丰富，学生参与面广，大多数学生最期盼的时间段当属在学校的课外体育活动时间。在这个时间段，同学们可以自己或者与身边的同学一起去学校的体育场馆参与自己喜欢的各式各样的体育活动，一扫课堂学习带来的疲惫。大多数初高中学校会在上午特定的一段时间内设置一段较长的课间休息时间，组织学校师生员工一起做广播体操，有时在下午或者放学后的一段时间组织一些校内或者校际间的体育竞赛活动，供大家参与。各高校也会不定期地举办不同项目的体育竞赛活动，比如各个学院之间的排球院队比赛，篮球半场三对三比赛，足球三对三、五对五比赛等活动；还有就是一些适合较多人群参加的体育活动，如拔河、摇大绳等一次性参与人数较多的集体项目。虽然这些活动项目大多都是人们乐于参与的，但是如果学校的体育场馆设施资源捉襟见肘的话，以上活动的开展都只是建立在理论上的可能。所以我们不难看出，学校体育场馆在服务学校课外体育活动过程中同样有着不可替代的作用。

9.2.3　课余体育训练与竞赛功能

学校体育是国家竞技体育发展的后备基础。《学校体育工作条例》明确规定：“学校应当在体育课教学和课外体育活动的基础上，开展多种形式的课余体育训练，提高学生的运动技术水平。有条件的普通中小学校、农业中学、职业中学、中等专业学校经省级教育行政部门批准，普通高等学校经国家教育委员会（现为教育部）批准，可以开展培养优秀体育后备人才的训练。”2006 年，教育部确定了 235 所高校可以招收高水平运动队。要促进高水平运动队出成绩，就必须依靠竞技体育的载体和平台——体育场馆。近些年来，一些高水平的运动员通过各种方式被引进了高校或者一些有传统优势体育项目的高中，并且这些学校在师资和软硬件设施上都较一般学校要强许多。一些学生可以利用自己擅长的体育技能进入自己理想的学校，但是进入学校后并不代表着结束，相反，这只是一个良好的开端而已。课余的体育训练和竞赛仍旧是这些学生的重要任务。学校要在各方面给予这一部分群体相应的支持与帮助，尤其是在体育场馆设施设备的供给上更不能拖后腿，否则将会极大地影响这些年轻的学生运动员的训练动力和训练成效。

9.2.4 全民健身功能

社会经济的快速发展催化了学校体育场馆的全民健身功能。由于绝大部分学校体育场馆设施由公共财政投资建设，具有公共产品的属性，所以不能只为特定群体服务，它还要发挥公共产品的本质功能——为社会服务。另外，如果学校体育场馆设施单纯用于服务教学、训练，不可避免地导致使用率不高、资源闲置浪费等问题。近年来，国家非常重视全民健身计划的开展与落实，国家及地方多个省市专门制定了全民健身计划实施方案。学校作为全民健身计划开展的重要阵地有着不可替代的作用。

应用案例

9.2.5 体育产业功能

体育场馆是发展体育产业的核心载体和重要平台，无论是体育培训、全民健身还是体育竞赛表演，都要依托体育场馆。随着我国大众体育事业的深入持续发展，人们对体育的内涵有了更为深入的了解和认识，越来越多的市民加入体育健身队伍，这将产生巨大的社会需求，给学校体育场馆带来无限商机。尤其是在大学中的体育场馆，拥有专业的体育师资，可以利用现有的体育场馆开展羽毛球、篮球、乒乓球等多种项目的体育培训，部分大学的体育场馆还有承办专业体育赛事的能力。这既能扩大学校的影响力，又能获得不错的经济收益，何乐而不为。

9.3 学校体育场馆开放政策法规现状

法律法规是落实学校体育场馆对外开放的坚实基础，在全面落实开展学校体育场馆对外开放工作的过程中，要牢牢地掌握与之相关的法律法规及各种有针对性的指导性建议或规章制度，做到“开放”有序、有度、有偿、有利、有法。

当今社会是一个法治社会，法律对于社会各项事业的开展有着重要的保障作用。学校体育场馆的对外开放是国家的一项重要的战略举措，更不能缺少法律这层保护伞。试想，如果没有法律的保障，学校体育场馆会如愿地对社会开放吗？结果自然不容乐观。学校体育场馆开放政策法规是一套完整的体系，它是由国家颁布的有关体育场馆开放的法律、行政法规，国家行政机关自行制定发布的规章、规范性文件和地方立法机关颁布的地方性法规及地方各级政府制定的规章、规范性文件等组成的体系，它们是学校体育场馆开放管理所遵循的根本依据。

正如本章开始的案例导航所言，各方对于学校体育场馆对外开放各执一词，都有各自的道理和相应的依据，例如，主张学校体育场馆对外开放的一些群体、组织或个人定然是有他们的依据。最有权威性的当属1995年8月29日，第八届全国人民代表大会常务委员会第十五次会议通过的《中华人民共和国体育法》（以下简称《体育法》）。该法律是我国第一部体育法律，《体育法》第四十六条有关学校体育场馆对外开放的条文明确指出，“公共体育设施应当向社会开放，方便群众开展体育活动，对学生、老年人、残疾人实行优惠办法，提高体育设施的利用率”。从中我们不难看出国家在法律层面是十分重视学校体育场馆的对外开放工作的。然而法律是宏观的，不够具体详细，学校体育场馆对外开放是一项系统的、复杂的战略事项，涉及学校体育场馆对外开放的方方面面工作，诸如学校体育场馆的开放时间、开放价格、开放管理、开放形式、服务管理、组织管理等，这些具体工作都需要有明确的法律法规或各类规章制度来保障。下面我们就一些具体的案例来分析一些法律规章制度的重要指导意义。

学习各类法律规章肯定要有所侧重，首先应是《体育法》。因为《体育法》是其他体育类法律法规及相应制度制定的依据和基础，前面我们已经就《体育法》的相关内容进行了简要的介绍。还建议大家了解2003年国家颁布实施的《公共文化体育设施条例》。该条例第六条、第十七至第二十一条就公共体育场馆开放时间、开放价格、开放服务等方面作出了指导性要求，对学校体育场馆也有一定的指导意义，具体表现在以下几个方面：第一，学校体育场馆开放时间应当与当地公众的工作时间、学习时间适当错开；第二，学校体育场馆应当公开其向社会开放的服务内容，应当在醒目位置标明设施的使用方法和注意事项；第三，学校体育场馆向社会开放场馆，可以适当收取费用，对学生、老年人、残疾人等应该免费或者优惠开放。关于节假日期间学校体育场馆的对外开放，国家在2009年颁布的《全民健身条例》中专门进行了明确规定。该条例指出：“学校应当在课余时间和节假日向学生开放体育设施。公办学校应当积极创造条件向公众开放体育设施；国家鼓励民办学校向公众开放体育设施。县级人民政府对向公众开放体育设施的学校给予支持。为向公众开放体育设施的学校办理有关责任保险；学校可以根据维持设施运营的需要向使用体育设施的公众收取必要的费用。”这极大地促进了学校体育场馆在节假日更广范围的开放。

由于各地市学校场馆的情况各有不同，如一线城市学校体育场馆与欠发达的三、四线城市学校体育场馆的情况存在较大的差异，所以，各地市为更好地贯彻落实《体育法》《公共文化体育设施条例》，推进全民健身工程的有序开展，地方性法规的制定势在必行。近些年来，各地根据本地区的实际情况纷纷制定了适合本地区各项体育事业开展的条例措施，较为代表性的有《北京市体育设施管理条例》《河北省体育设施管理条例》《浙江省全民健身条例》等。这些地方性法规也对学校体育场馆的开放及管理作出了一些明确规定。例如，《浙江省全民健身条例》明确规定，学校的体育健身设施在法定节假日、寒假、暑假和其他适当的时间应当向公众开放。这一明文规定极大地促进了浙江省学校体育场馆向社会开放工作的落实。

社会各项事业正在高速发展，社会各项管理工作又处在不断创新改革的过程中，在立足学校体育场馆对外开放的过程中，同样会遇到各种不同的问题。为了更好地应对各种可以预见的潜在的问题，国家各级相关组织及时出台了一些相应的规范条例、指导建议。下面我们就几个颇具代表性的国家规范性文件进行分析。

9.3.1 《国务院关于印发全民健身计划（2021—2025年）的通知》

“开展公共体育场馆开放服务提升行动，控制大型场馆数量，建立健全场馆运营管理机制，改造完善场馆硬件设施，做好场馆应急避难（险）功能转换预案，提升场馆使用效益。加强对公共体育场馆开放使用的评估督导，优化场馆免费或低收费开放绩效管理方式，加大场馆向青少年、老年人、残疾人开放的绩效考核力度。做好在新冠肺炎疫情防控常态化条件下学校体育场馆向社会开放工作。”

9.3.2 《中共中央国务院关于进一步加强和改进新时期体育工作的意见》

“各地区、各有关部门应各司其职，采取切实有效的措施，充分发挥学校、社区、乡镇和连队的聚集效应、辐射功能和带动作用，增加体育锻炼的吸引力和凝聚力，推动全民健身活动的普遍开展。各类学校要培养学生德、智、体、美全面发展，提高体育教学质量，确保学生体育课程和课余活动时间，把具有健康体魄作为青少年将来报效祖国和人民的基础条件。各行业、机关、企事业单位和乡镇、社区要把组织群众开展体育活动纳入工作范围，充分利用文化体育设施的综合服务功能，在组织网络、活动内容和服务方式上积极探索符合时代要求的基层体育发展模式。”

“公共体育设施要向社会开放，正确处理好公益性和经营性的关系。收费标准要充分考虑人民群众的经济承受能力。学校、机关、企事业单位的体育设施也要努力实现社会共享。严禁侵占、破坏体育设施。要将体育场馆建设成为健康、科学、文明的阵地。”

9.3.3 《2001—2010年体育改革与发展纲要》

“公共体育设施必须向社会开放，体育场馆收费价格要顾及广大人民群众的承受能力。学校、机关、企事业等单位体育场地设施应实现社会共享。”

9.3.4 《关于推进学校体育场馆向社会开放的实施意见》

2017年，教育部、国家体育总局联合印发了《关于推进学校体育场馆向社会开放的实施意见》（以下简称《意见》），积极缓解广大青少年和人民群众日益增长的体育健身需求与体育场馆资源供给不足之间的矛盾，促进全民健身事业的繁荣发展。

《意见》确定了学校体育场馆向社会开放的四个主要原则：即坚持政府统筹，多方参与；坚持因地制宜，有序推进；坚持校内优先，安全为重；坚持服务公众，体现公益。

《意见》要求，到2020年，要建设一批具有示范作用的学校体育场馆开放典型，通过典型示范引领，带动具备条件的学校积极开放，使开放水平和使用效率得到普遍提升；基本建立管理规范、监督有力、评价科学的学校体育场馆开放制度体系；基本形成政府、部门、学校和社会力量相互衔接的开放工作推进机制，为推动全民健身事业，提高全民身体素质和健康水平作出积极贡献。

《意见》明确了学校体育场馆开放的范围和时间，即学校应当在课余时间和节假日向学生开放体育场馆，公办学校要积极创造条件向社会开放体育场馆。鼓励民办学校向社会开放体育场馆。学校的体育场馆开放应该在教学时间与体育活动时间之外进行。在课余时间和节假日优先向学生开放，并在保证校园安全的前提下向社会开放，可实行定时定段与预约开放相结合。学校体育场馆向社会开放的时间应与当地居民的工作时间、学习时间适当错开。国家法定节假日和学校寒暑假期间，学校体育场馆应适当延长开放时间。

《意见》对学校体育场馆开放的条件也做了规定：一是学校体育场馆有健全的安全管理规范，明确的责任区分办法和完善的安全风险防控条件、机制及应对突发情况的处置措施和能力。二是学校体育场馆在满足本校师生日常体育活动需求的基础上，还应有向社会开放的容量和时间段。三是学校体育场馆区域与学校教学区域相对独立或隔离，体育场馆开放不影响学校其他工作的正常进行。四是学校体育场馆、设施和器材等安全可靠，符合国家安全、卫生和质量标准及相关要求。五是学校有相对稳定的体育场馆设施更新、维护和运转的经费，能定期对场馆、设施、器材进行检查和维护。

《意见》强调，学校体育场馆开放主要面向本校学生、学区内学生、学校周边社区居民和社会组织。要根据体育场馆面积、适用范围和开放服务承受能力，合理确定开放对象范围和容量。学校室外场馆设施，如操场、球场、田径场跑道等要先行开放，室外场馆设施开放由各校提出并报上级教育行政部门确定。对于高危险性体育项目场地，由县级人民政府根据当地实际制定开放名录。学校体育场馆根据不同对象可采取免费、优惠或有偿开放方式，有偿开放不能以营利为目的。学校要积极探索体育场馆开放的运营方式，鼓励学校开展以学校管理为主的运营模式，探索建立通过政府购买服务、委托第三方专业组织运营的模式。

《意见》要求，各地要加强公共体育设施建设的统筹和规划，积极为学校体育场馆向社会开放创造条件。各地教育、体育部门要协调当地公安、医疗等部门建立健全有关加强学校体育场馆开放安全保卫方面的工作机制，加强场馆开放治安管理和安全保障。各地教育部门要加大学校体育场馆设施建设与开放的经费投入，多途径筹措经费，不断改善学校体育场馆设施条件，支持学校体育场馆开放。各地体育部门要根据实际情况，安排必要资金，支持学校体育场馆对外开放所致场馆日常运作和设施设备维修。积极支持社会力量通过投资、冠名、合伙制、捐赠等形式参与学校体育场馆建设和开放工作，充分发挥其在资金、技术、项目、运营、评估等方面的优势。积极推进体育场馆开放信息化建设，通过多种方式，公开场馆开放的时段、区域、项目和相关服务，公告使用体育场馆的程序、途径和办法。

《意见》对学校体育场馆开放的组织实施提出了三项要求：一是加强组织领导。各地要高度重视学校体育场馆开放工作，建立健全由教育或体育部门牵头，有关部门分工负责和社会力量参与的场馆开放工作协调机制，研究制定当地学校体育场馆开放工作规划或实施方案，并抓紧落实。二是坚持分类指导。鼓励各地积极探索学校体育场馆开放的新政策、新机制和新模式，不断完善场馆开放服务体系，持续提高场馆开放服务能力。三是强化宣传推广。加大对学校体育场馆开放相关政策的宣传和解读，引导更多的学校实施体育场馆开放工作，积极营造学校体育场馆开放的良好社会环境和舆论氛围。

9.4 学校体育场馆向社会开放现状

9.4.1 开放类型

学校体育场地开放主要是指体育场馆及一些体育设施在一定时间内向社会公众开放，供社会公众无偿或有偿使用，或者从事各种体育活动之用。

学校体育场地的开放不外乎以下三种情况：

9.4.1.1 全天开放

全天开放是指全天候面向全社会开放的体育场地，包括学校内的部分体育设施对社会公众开放。例如，个别学校的部分体育场馆与本校区不在一个校区，学校的体育场馆资源又比较充足，平时的体育教学和训练主要集中在学校本部的场馆场地进行，该部分体育场馆多为举办学校的一些较大规模的活动所用，平时就多服务于学校周围的社区居民。另外，部分学校会在节假日期间实行体育场馆全天候的对外开放，一部分是有偿的，另一部分是无偿的。

9.4.1.2 不开放

不开放是指不向全社会开放的体育场地。例如，游泳馆由于其特殊性，又是一个会引起生命安全责任的场馆，所以学校只对本校师生或对本单位职工内部开放。且也是有偿（低收费）开放，这种情况广泛存在。学校选择不对外开放的原因不外乎安全问题、经费问题、管理体制问题等。

9.4.1.3 部分开放

部分开放是指分时间段向社会开放，或只开放部分体育场地设施。这种情况是比较常见的，一般来讲学校会在早上上课前的一段时间将部分学校体育场馆对外开放，或者在学校放学以后到晚上的这一段时间将学校一些相对空闲的体育场馆对外开放。例如，在早上的一段时间，学校多会选择将学校的室外篮球场、排球场、田径场免费向社会开放，一方面方便更多的周边体育爱好者从事晨练活动，人们可以从事跑步、健走、太极拳练习等活动，社区青年或者在校的青少年学生也可以在此时间段进行各类体育训练或者其他各类健身活动；另一方面，这些体育场馆资源一般便于保护，被破坏的风险相较其他室内场馆低得多，维护成本相对较低，学校借助这些开放时间段适当地收取一定的费用，一般较社会上的体育场馆收费价位要低很多，且环境较一般的社会体育场馆要好许多，最终实现被广大的体育爱好者接受的同时，也为学校带来创收，一定程度上缓解了学校场馆维护资金短缺的困难，实现了“一开多赢”的完美局面。这种开放形式是当前国家一直极力推广的。当然，这样的选择要在各方面工作都较为完备的情况下才可以实施。具体采取何种开放形式，不同的学校还要根据学校自身发展的实际情况及相关法律规定，在科学调研的基础上权衡多方面利害后再做选择。

9.4.2 开放经营收入

学校体育场馆经营收入主要包括场地出租收入、体育培训辅导收入、体育竞赛表演收入、广告收入、无形资产收入等。

尤其是对于城区的大学或者重点初高中来讲，实行对外开放经营有较多方面的利好。这类学校一般地处大中城市，场馆资源质量高，体育设施设备完善，体育专业技术人员配备完善，场地经营服务空间较大，具备一定的运营基础条件，多个方面都比较适合对外开放经营。

在对外开放经营项目的选择上，多数学校体育场馆仍以传统体育项目为主，如田径、篮球、足球、排球、乒乓球等，且多为室外场馆；而游泳馆（池）、网球馆、羽毛球馆、健身房等受群众喜爱的室内项目场馆较少。

总体来说，由于部分学校体育观念不足、体育场地的数量匮乏、运营管理场馆的体制和机制等诸多问题的存在，致使教育系统体育场地对外开放和经营管理仍处于管理摸索阶段。

9.4.3 开放管理模式

9.4.3.1 传统管理模式

从运营管理模式来讲，由体育部门管理的学校体育场馆是相对传统的管理模式。学校各类体育活动的组织实施部门的设置较一般学校的体育部是不同的，通常分为以下部门：体育部办公室、教学研究室、群体办公室、后勤办公室、体育场馆中心、学分管理室、网络信息中心、负责学校师生员工组织的课余体育活动的竞技部等相关职能部门。

（1）体育部办公室。一般是全权负责体育部各项工作，协助部门领导做好体育部人事招聘、岗位聘任、人员考勤、工资发放等具体工作，负责起草体育部各项规章制度及岗位职责，负责贯彻执行体育部制定的各项奖罚、福利等制度，负责体育部公章的使用及管理，负责与上级部门、学校以及体育部内部文件资料的收发、传阅、催办、归档等工作，负责与校办、机要室、档案馆等相关部门的工作联系。

（2）教学研究室。一般负责体育教学运行、体育课程建设、体育教学改革等全面工作。

（3）群体办公室。一般负责各项群众体育工作的开展与管理，并对从事群众体育的教师进行评价考核。制订年度群众体育竞赛计划、预算，组织开展丰富多彩的群众体育活动。协调学生体育俱乐部的组建、管理、比赛等相关工作。筹备校内、外各级各类课外体育比赛活动，并对相关资料进行整理归档。制定群众体育活动的各项制度，建立相关评估体系与办法，开展各项群体活动的评比与表彰工作。

（4）后勤办公室。负责学校体育场馆设施、器材等全面管理及场地租借工作。

9.4.3.2 专业部门管理模式

随着学校体育场馆向社会开放工作的不断深化，部分学校特别是高等院校逐渐探索专业化场馆运营模式，成立专业的场馆管理部门。在这种模式下，学校一般设立场馆的专门管理部门，尤其是一些体育专业院校，他们的运营模式已非常成熟。体育院校的场馆相对拥有丰富的场馆资源，出于教学、训练、管理的需要，场馆开放意识较强，对场馆管理专业化的需求更为迫切。此外，专业体育学院具有学科、人才优势，拥有很多体育产业方面的高端人才。有些综合性大学也采用这种管理模式，如复旦大学、华南师范大学、深圳大学等高校也成立了场馆管理中心，并取得了不错的运营效益。

产生这种模式的根本原因在于场馆功能的多元化。以前，学校场馆的功能只是用于教学，其专业化属性并不明显，由教学部门管理更加便于使用，也完全可以顺畅运转。当体育场馆的功能延伸到全民健身、体育产业时，这种管理模式的局限性就暴露出来了。专业化的运营管理模式下，体育教学与体育场馆管理完全分离、各司其职，体育教学专心于提高教学质量，组织学生体育锻炼，开展群体活动等；而体育场馆运营管理部门专门负责场馆日常管理、教学场地服务、场馆的经营开发等工作。

9.4.3.3　混合式管理模式

混合式管理是对前两种管理模式的综合。例如某学校在场馆资源较为充裕的情况下，可以选择将学校体育场馆进行分类管理，用于教学训练的场馆划归体育教学部门管理，经营性质的场馆划归学校校办产业部门管理。显然，这种混合式管理只是一种过渡形式的管理模式，它一定程度上可以缓解传统体育部门管理模式与场馆功能多元化之间的矛盾，但并没有解决根本问题，因为教学、训练所使用的场馆同样存在向社会开放的问题，只是开放时间、空间、深度与经营性场馆有所差别。而经营性场馆在特殊情况下也要承担保障教学训练的任务。此外，分散管理的混合式经营最大的弊端在于不能有效整合场馆资源，同时分散经营也不符合专业化体育场馆管理的要求。

9.4.3.4　委托经营管理模式

委托经营管理模式是指场馆所有者通过一定的方式选派经营者作为中小学体育场馆的负责人，代理所有者经营学校体育场馆，所有者不直接参与经营管理。整个运营程序由长期从事体育场馆运营管理、具有丰富的场馆运营管理经验的专业团队运作，风险可控。经营者与所有者双方签订相关的协定，明确责任。受委托企业在保证学校正常教学训练的前提下，运用市场机制进行管理，引入新的经营理念和管理方式，这样就提高了管理效率，增加了经济效益。

应用案例

9.4.4　推进学校体育场馆向社会开放的对策

（1）适时出台《全国学校体育场馆向社会开放实施办法》，建立场馆开放法规保障机制。

（2）明确各方职责，努力开创政府主导，学校和社区积极参与，各部门齐抓共管的格局。

（3）设立专项基金，夯实经费保障机制。

（4）积极探索，建立激励机制。

（5）多管齐下，建立安全保障机制。

（6）逐步建立评价指标体系，完善监督机制。

（7）立足实际，积极探索专业化运营管理。尤其要做好场馆开放的时间管理、开放项目管理、开放价格管理、开放服务管理等核心管理工作。

9.4.4.1　应对场馆开放风险

学校体育场馆向社会开放可能导致学校蒙受损失。学校体育场馆向社会开放面临的风险主要有安全风险、管理风险、经营风险三类。

学校管理环境相对比较封闭，学校师生员工的思想道德水准较高，学校的治安环境也是相对稳定的。体育场馆对外开放后，大量社会人员进入校园，势必对校园环境造成安全威胁，譬如财产安全、火灾隐患、口角冲突以及器材过度使用所带来的安全隐患。

管理风险主要包括因管理不善或者疏于管理而导致的风险。学校体育场馆向社会开放后，管理环境由相对封闭转向开放，管理对象更加复杂化，管理内容扩大化。场馆管理者一旦管理不力，将可能出现“责权不明导致管理效率低下”“场馆时间安排不当，干扰教学秩序”“内部分配不均引发组织内部矛盾”“不法经营行为影响学校声誉”等风险。

场馆开放一般会带来以下经营风险，主要表现在“经营决策失误造成损失”“消费者不足，开放市场萧条”“经营者水平不高导致亏本”“合理收费被视为乱收费，给学校造成负面影响”等方面。

9.4.4.2 建立健全向社会开放的安全保障机制

学校可以采用政府购买服务的方式，为市民发放健身卡并购买意外伤害保险。在每所学校指定时间内对社区开放活动中所发生的意外人身事故，由保险公司买单，每人次最多赔偿为 20 万元，每所学校一年累计最高赔偿额为 100 万元。而每年学校只需付 2000 元保险费，场馆维护费用则由政府承担。在成都市，学校开放中针对安全问题也事先做了这样的安排，他们从补给学校的资金中拿出一部分为学校购买人身意外伤害保险，如果居民在学校内锻炼，非人为因素受伤，学校将通知保险公司做相关鉴定并进行赔偿。这样解除了学校开放和市民锻炼的后顾之忧，使市民健身的权益和学校自身的权益都得到保护。

9.4.4.3 设立专门管理机构，对场馆进行科学运营

场馆综合运营管理离不开一套系统、科学、严密、规范的内部管理制度，而学校体育场馆的制度建设往往比较滞后。制度建设关键是要突出系统性、层次性和可操作性，形成实用化、程序化的制度体系。制度重在执行，具备完善的制度体系，还必须确保制度的落实，使制度体系成为自律与他律、自觉与强制相统一的长效机制链，从而推动学校体育场馆管理迈上制度化、规范化、科学化的轨道。

9.4.4.4 体育场馆的综合管理制度

这类规章制度一般以学校规范性文件的形式公布实施，在学校内部具有较高的权威性，内容一般包括场馆管理的原则、相关部门的职责、管理权限、工作流程等内容。

（1）专项管理制度。学校体育场馆管理既要保障教学训练，也要顾及经营、学校社团、大型活动管理等方面的需求，可以说是一门系统的管理科学。场馆消防安全、卫生保洁、设备与器材维护等管理层面多样，学校场馆管理部门应按照国家相关规定，结合学校实际情况，建立健全专项管理规章制度。

（2）体育场馆使用制度。这类规章制度一般是专门针对体育场馆的使用而制定的，通

常以“××馆使用规定”或入馆须知形式出现，大部分学校都建立了这类制度，场馆使用制度一般都比较具体，如进入艺术体操馆须穿体操鞋，馆内固定器械未经场馆管理人员同意不能挪动等。

（3）岗位职责。规范的场馆管理要科学划分工作岗位、明确界定岗位职责。岗位及其职责一般可从横向、纵向两个方面来界定。从管理层次（纵向）的角度，可制定馆长岗位职责、值班经理岗位职责、值班人员岗位职责；从管理职能（横向）的角度，可制定办公室岗位职责、场地管理岗位职责、强弱电岗位职责、计时记分显示屏岗位职责、设备岗位职责、电器岗位职责、音响岗位职责等。

10 管好体育场馆要“知”法律

案例导航

10.1 中国体育法律法规体系

“没有规矩不成方圆”，要依照法律法规进行合理合法的经营，这才是体育场馆运营管理的依据和根本保障。“通体育、懂经营、善管理、知法律”，是对体育场馆管理者的基本要求，其中这个“知”字，就是要知晓中国体育方面的法律法规、政策文件，否则就会触犯相关规定，甚至是违法。从国家层面，必须按照体育场馆的法条，进行运营；从行业管理的角度，必须按照体育总局的相关规定来执行；从地方区域的角度，又要完全按照具体的实施办法进行日常的运营管理，总之，这三个层面缺一不可。从另一个方面讲，只有我们运用好了各层面的法律规章，管理体育场馆才会如虎添翼，得心应手，获得更多的优惠政策。

2014 年 10 月，党的十八届四中全会上提出的“建设中国特色社会主义法治体系”的论断，为体育法规的完善提供了依据。目前，中国体育法规体系框架已经初步形成，如体育基本法规、体育领域法规、体育单行法规等，这些不同层次和内容的体育法律、法规在体育法规体系中相互联系、相互衔接。

体育场馆设施管理的政策法规体系，是由国家颁布的有关体育场馆设施管理方面的法律、行政法规及行政机关自行制定发布的规章、规范性文件、标准等组成的体系，是进行体育场馆设施管理遵循的根本依据。

10.1.1 体育场馆相关法律

主要有《中华人民共和国体育法》《中华人民共和国消费者权益保护法》《中华人民共和国标准化法》《中华人民共和国劳动法》等。实行企业化管理的体育场馆设施还得遵循《中华人民共和国公司法》等相关法律规定。

10.1.2 体育场馆相关法规

目前，中国体育场馆设施管理行政法规主要有两类：

（1）国家行政法规。《公共文化体育设施条例》，就体育设施的规划、建设、使用、服务、管理、保护等方面做了明确规定。《全民健身条例》第二十七条、第二十八条、第二十九条、第三十条，分别就公共体育场馆、设施做了规定。

（2）地方行政法规。目前已有多个省、直辖市、自治区已出台了相应的地方性法规。例如，《北京市体育设施管理条例》《内蒙古自治区体育设施管理条例》《云南省体育设施管理条例》《广东省体育设施建设和管理条例》等。

10.1.3 体育场馆相关规章

目前，中国体育场馆设施管理规章主要有两类：

（1）部门管理规章。例如，《体育服务认证管理办法》是国家体育总局与国家认证认可监督管理委员会联合制定的部门规章。

（2）地方管理规章。全国一些省市也就体育场馆设施管理制定了地方规章，如《安徽省体育设施管理办法》《北京市学校体育设施对外开放管理办法（试行）》等。

10.1.4 体育场馆相关规范性文件

（1）中央规范性文件，如财政部、国家体育总局印发的《大型体育场馆免费低收费开放补助资金管理办法》（财教［2014］54 号）。

（2）地方规范文件，如《关于加强广东省全民健身场地设施建设发展群众体育的实施意见》（粤府办〔2021〕53 号）。

10.1.5 体育场馆相关国家和行业标准

结合体育运动的特点，根据《中华人民共和国标准化法》的有关要求，国家标准化委员会和国家体育总局把中国体育场馆设施服务标准分为《体育场所开放条件与技术要求》强制性标准和《体育场所等级的划分》推荐性标准两类。2014 年发布的《体育场所服务质量管理通用要求》就属于强制性标准，规定了体育场馆服务质量管理的总则、服务保障要求、服务运行管理、服务能力管理以及服务质量管理的监督、分析和改进等内容。

1997 年，党的十五大把依法治国的目标由“建设社会主义法制国家”改为“建设社会法治国家”。体育事业作为社会主义现代化事业的有机组成部分之一，也必然要实施依法治体。当前，体育领域的立法工作虽取得了巨大成绩，但与社会主义市场经济所要求的完善的体育法律体系还有一些差距，尤其是体育设施管理方面的法规。随着全民健身计划广泛深入地开展，群众健身意识的明显增强，体育设施在发展体育运动，增强人民体质，丰富社会文化生活等方面发挥着日益显著的作用，这就在客观上要求我们加快体育场馆设施管理法规建设进程，夯实体育设施管理基础，提高体育场馆设施管理水平，使体育场馆设施服务业成为中国体育产业未来发展的新亮点，带动体育市场的第二次腾飞，促使全民健身运动和体育产业发展产生良性互动。

10.2 法规速递

详细内容见拓展资料。

拓展资料

10.3 大型体育场馆免费与低收费政策

2014 年 5 月，财政部、国家体育总局印发《大型体育场馆免费低收费开放补助资金管理办法》（财教〔2014〕54 号），补助范围为：已向社会免费、低收费开放的体育部门所属大型体育场馆，即观众座位数 20000 个（含 20000 个）以上的体育场、座位数 3000 个（含 3000 个）以上的体育馆、座位数 1500 个（含 1500 个）以上的游泳馆（跳水馆）。补助资金分为补贴资金和奖励资金两部分，补贴资金对体育场馆向社会免费、低收费开放给予适当补贴；奖励资金对体育场馆提高公共体育服务能力、提升服务质量和服务水平给予适当奖励。

应用案例

10.4 “广场舞”扰民也属违法

近一两年，国内多地出现了广场舞健身人群因噪声扰民遭遇泼粪、砸音响、放狗等过激抗议情况。而广场舞噪声扰民的背后，折射出的是现有健身场地难以满足百姓不断增长的健身需求的无奈现实。

根据我国《城市区域环境噪声标准》的有关规定，居民区内户外所允许噪声级昼间为50分贝，夜间为40分贝（日常说话的声音为40~60分贝），但实际上噪声超标的情况十分严重。在广场、公园，甚至小区空地上跳广场舞的人太多，噪声过大而且时间长，严重干扰了周边居民生活。根据《治安管理处罚法》关于社会生活噪声污染防治的法律规定，制造噪声干扰他人正常生活的，处警告；警告后不改正的，处200元以上500元以下罚款。将很简单的、常见的噪声扰民的情况直接归入了法律的调整范围之内，如果“广场舞”制造的噪声对周边人的生活造成了干扰，就是违法行为。

10.4.1　破解之道

加快推进职业体育改革，鼓励发展职业联盟，尽快让各种体育资源“活”起来，以此适应群众日益多样化、个性化健身需求。盘活、用好现有体育设施，积极推进公共体育设施向社会开放，在更好服务群众的同时提升自我运营能力。也许在不远的将来，广场舞健身人群能够真正摆脱噪声扰民的尴尬，在曾经大门紧闭的大型体育场馆内舞出健康与活力，纵享体育的快乐。

10.4.2　依法保障公民健身权利

《中华人民共和国宪法》第二十一条规定了“国家发展体育事业，开展群众性的体育活动，增强人民体质”的内容。《公共文化体育设施条例》进一步规范了全民健身体育设施的建设。2009年国家颁布《彩票管理条例》，通过法律保证对全民健身体育设施经费的管理，部分省、市、自治区结合本地区实际情况，颁布了大量地方性法规及规章，如《北京市全民健身条例》《上海市市民体育健身条例》《江苏省全民健身条例》等。

这里面涉及公共文化体育设施的概念。公共文化体育设施，是指由各级人民政府举办或者社会力量举办的，向公众开放用于开展文化体育活动的公益性的图书馆、博物馆、纪念馆、美术馆、文化馆（站）、体育场（馆）、青少年宫、工人文化宫等的建筑物、场地和设备。

《公共文化体育设施条例》对体育设施有如下的一些规定：

（1）健身娱乐不用再长途跋涉。第十一条：公共文化体育设施的建设选址，应当符合人口集中、交通便利的原则。

（2）设施要美观实用，不能拒绝残疾人。第十二条：公共文化体育设施的设计，应当符合实用、安全、科学、美观等要求，并采取无障碍措施，方便残疾人使用。

（3）乔迁、娱乐两不误。第十五条：新建、改建、扩建居民住宅区，应当按照国家有关规定规划和建设相应的文化体育设施……且应当与居民住宅区的主体工程同时设计、同时施工、同时投入使用。

（4）下班之后照样开放，寒暑假让你玩个够。第十七条：公共文化体育设施应当根据其功能、特点向公众开放，开放时间应当与当地公众的工作时间、学习时间适当错开。国家法定节假日和学校寒暑假期间，应当适当延长开放时间。

（5）不会再吃闭门羹。第十八条：公共文化体育设施管理单位应当向公众公示其服务内容和开放时间。公共文化体育设施因维修等原因需要暂时停止开放的，应当提前7日向公众公示。

（6）特殊人群免费玩。第二十一条：需要收取费用的公共文化体育设施管理单位，应当根据设施的功能、特点对学生、老年人、残疾人等免费或者优惠开放，具体办法由省、自治区、直辖市制定。

10.5 对《全民健身条例》的思考

2009年，国务院公布施行《全民健身条例》，共6章40条，包括“总则”“全民健身计划”“全民健身活动”“全民健身保障”“法律责任”“附则”6个部分。因为《全民健身条例》是一部综合性的法规，宏观性、原则性规定较多，加之中国地域辽阔，不同区域差异较大；参与全民健身的不同群体，有不同的需求；社区、学校及乡镇的全民健身发展状况也不一样。因此，在《全民健身条例》实施中难免会出现一些“缺憾”，主要体现在：

（1）《全民健身条例》的真正实施应该依靠配套法规及实施细则逐步完善，针对一些法律条款空白以及现有规定的不足，有针对性地制定或者修改有关法规，从而促进《全民健身条例》更好地贯彻和落实，要重在适时性、可操作性。

（2）为满足城市社区体育发展的需要，修改或完善关于社区体育方面的政策法规，完善社区体育评估、评价及相应的奖惩办法，在场地、设施、资金、组织管理、人力资源等方面给予相应的支持。结合城市社区文化建设，同步推动城市社区全民健身活动的发展。

（3）根据实际情况制定、完善适合学校体育场地设施开放政策及实施细则，协调、组织相关部门共同参与学校体育场地设施的开放工作，进一步明确“开放”的目的和任务，重视和加强学校场地设施“开放”过程中的安全保障工作等。

2014年4月3日，政协第十二届全国委员会召开了第八次双周协商座谈会，主题是“贯彻落实《全民健身条例》，增强国民身体素质”，作者荣幸应邀参会，会议就《体育法》《全民健身条例》的修改、落实等问题征求体育行业专家意见，将群众体育场地设施与城镇化同步规划、同步建设，促进《全民健身条例》贯彻落实（图10-1）。

人民日报

RENMIN RIBAO

人民网网址：http://www.people.com.cn

2014年4月

4

星期五

人民日报社出版

全国政协召开双周协商座谈会

就“贯彻落实《全民健身条例》，增强国民身体素质”建言 俞正声主持

（下转第二版）

人民政协报

RENMIN ZHENGXIE BAO

尽快出台配套政策 促进《全民健身条例》贯彻落实

中国体育报

全国政协召开双周协商座谈会

就“贯彻落实《全民健身条例》，增强国民身体素质”建言

俞正声主持

图 10-1 全国政协关注体育行业立法

10.6 激活市场，取消商业性和群众性体育赛事审批

2014 年 9 月 2 日，时任总理李克强同志主持召开国务院常务会议，部署加快发展体育产业、促进体育消费、推动大众健身。其中提出的取消商业性和群众性体育赛事审批成为关注的热点。

应用案例

长期以来，国内不管是举行国际性、全国性还是地方性赛事，都需要层层报批，先报地市级体育主管部门，再到省级，有的还需要报国家体育总局。其中明确需要报给总局审批的项目有国际商业性比赛、全国竞技性比赛和省级竞技性比赛，此外还有危险性较高的比赛，比如射击活动等，审批周期有时会长达半年之久。

2014 年，国家体育总局官方网站公布了《体育总局关于推进体育赛事审批制度改革的若干意见》《体育总局关于印发〈全国性单项体育协会竞技体育重要赛事名录〉的通知》《关于印发〈在华举办国际体育赛事审批事项改革方案〉的通知》。根据《体育总局关于推进体育赛事审批制度改革的若干意见》（以下简称《意见》），全国性体育赛事被分成 4 类：全国综合性运动会、《赛事名录》内的赛事、《赛事名录》外的赛事和特殊项目赛事。其中，《赛事名录》外的赛事界定为：此类赛事既包括商业性和群众性体育赛事，也包括公益性赛事中的部分赛事。《意见》称，体育总局及其各厅司局、直属单位针对此类赛事的审批，一律取消。合法的法律主体（包括全国性单项体育协会）均可以依法组织和承办此类赛事，主办单位自行确定或协商确定举办地点。此次国务院会议宣布取消商业性和群众性体育赛事审批，随之一同取消的还有审批费或管理费等一系列审批费用。效率的提高、成本的下降，对体育产业而言，无疑是明显的利好消息。

10.7 体育场馆设施标准

10.7.1 服务标准

10.7.1.1 推荐性标准

《体育场所等级的划分》推荐性国家标准适用于对人身、财产危险性较小的体育活动场所，如保龄球、健身房、球类等体育活动场所。制定的目的主要是提高体育场馆服务质量，优化产业结构，满足不同消费者的需求，保护消费者的权益，维护体育市场秩序。目前，国家质量监督检验检疫总局（现国家市场监督管理总局）已颁布了国家体育总局等单位制定的 GB/T 18622. 1—2000《体育场所等级的划分 第 1 部分 保龄球馆星级的划分及评定》和 GB/T 18622. 2—2002《体育场所等级的划分 第 2 部分 健身房星级的划分及评定》等国家推荐性标准。体育场馆的等级代号是用世界上服务等级的“通俗”语言来表示的。保龄球馆、健身房均被划分为五个等级，服务质量最高为五星级，最低为一星级。星级越高，表示体育场馆的等级越高，表示越能满足竞技体育消费的需要。

10.7.1.2 强制性标准

《体育场所开放条件与技术要求》强制性国家标准适用于对人的生命和财产潜在危险较大的体育运动项目活动场所。它是市场准入标准，制定的目的主要是评价体育场馆的生产能力，要求服务产品的所有生产要素必须达到保护人的生命和财产安全的基本条件和基本技术要求，具体内容包括服务人员的职业技能、管理、体育设施、卫生、环保、安全救护等方面的基本技术参数和系数，用以保护消费者的人身、财产安全，提高体育活动场所的服务质量。《体育场所开放条件与技术要求》强制性国家标准是按体育运动项目分类的。目前，国家市场监督管理总局已颁布了游泳、攀岩、蹦极、卡丁车、轮滑、漂流、潜水、牵引升空伞、动力伞、滑翔伞、滑雪、滑冰、射击、射箭等体育活动场馆的服务标准。

10.7.2 其他标准

- GB/T 17093《室内空气中细菌总数卫生标准》
- GB/T 18883—2002《室内空气质量标准》

• GB/T 10001.1《标志用公共信息图形符号　第1部分：通用符号》

近几年，随着中国经济社会的快速发展，百姓体育健身的需求愈发高涨，国务院及各部委相继也出台了大量的体育相关的法律法规，其中很多法律法规涉及体育场馆的运营管理。作为体育场馆运营管理者，应该认真领会各条政策、法规所赋予的内容及优惠条件，并将其运用于体育场馆管理中。与此同时也有诸多不尽如人意的地方，尤其是，尽管有了纲领性文件，但遗憾的是这些法律法规多是纲领性的宏观指导，缺少各地方、各领域可操作的实施细则，相关的政策法规还未完全落地，导致效率不高、执行力不强等现象。

另外，中国大型体育场馆多为政府投资建设，公益性地位、实行免费低收费开放的思路是毋庸置疑的，但体育场馆的运营需要大量资金，如何在确保公益性的同时走出一条市场化运营之路，政府应当进一步加大对体育场馆行业的扶持力度，落实好现有政策，适时出台更有利于体育场馆发展的有针对性的法律法规。对体育场馆经营者而言，要遵守法律法规，充分利用好现有政策，争取最大补贴力度，实现公益和市场的共赢。

拓展资料

11 建“健康”体育场馆

案例导航

近年来，伴随着中国体育事业的快速发展，尤其是全民健身上升为国家战略，以及各种赛事和大型活动频繁地举行，我国对于体育场馆的需求不断增加，场馆建设受到前所未有的高度重视。在此基础上，各地的体育场馆如雨后春笋般不断地建成，但也出现了较多的问题。部分体育场馆建成后难以正常运营，即使正常运营了，体育场馆的利用率也不高，这在很大程度上是由选址、结构设计、空间布局等原因造成的。

体育场馆建成后难以运营的一个重要因素，是建设之前没有进行充分的赛后利用、高效运营的论证。因此，体育场馆的建设首先要思考到两方面：一是保障承接某一体育竞赛需要；二是保证体育竞赛后的充分利用，还要确保全民健身的使用。然而，在实际体育场馆的建设中，更多的场馆建设思考的是体育竞赛需求，而忽视了体育场馆的赛后高效利用，导致场馆在完成竞赛任务后，只能通过大面积改建、拆除，才能达到场馆日常运营维持的要求，如此建成的体育场馆可以说是“残疾儿”。那么，如何避免“残疾儿”的“诞生”，建成一座“健康”体育场馆？本章将就此问题展开探讨，使得体育场馆既能满足举办大型赛事的需求，又能满足体育竞赛后的有效利用，避免体育场馆建成后难以运营的“尴尬”局面，建成一座“健康”的体育场馆。

11.1 “残疾儿”与“健康儿”

11.1.1 体育场馆中的“残疾儿”

体育场馆中的“残疾儿”，是指在建设过程中缺乏科学规划、充分论证，忽略实际状况，或者以举办某项大型赛事活动为目的，未考虑体育场馆建成后的有效利用问题而建成的体育场馆。由此造成了较为严重的资源浪费，同时也给当地政府带来了巨大的财政“包袱”。此前就有这么一个案例，某省为承办亚运会，投入价值数亿资源建造了多个体育场馆。在亚运会过去的12年时间里，政府部门为充分利用场馆资源采取了分时段免费或优惠等方式吸引市民进场。然而，多个亚运场馆却还是显得十分冷清，一年也使用不了几次。经分析，造成这种现象的原因是，当时该省修建体育场馆就是为了顺利完成亚运会的赛事，并没有充分考虑场馆的赛后利用状况，将部分亚运场馆建设在位置相对比较偏、交通不太方便、周边人口居住数量较少的地区，从而导致了多数场馆空间闲置的现象。

11.1.2 体育场馆的“健康儿”

“健康”体育场馆是相对于“残疾儿”体育场馆提出的，“健康”体育场馆是指在建设中进行了详细的前期规划论证，在保证场馆建成后能够完成体育竞赛任务的状况下，尽可能考虑在赛后能够高效运营而建设的体育场馆。“健康”体育场馆在举办大型赛事活动任务后，不需要进行大面积改造或拆除等工程，稍加转换、调整就可以进行运营。

例如，位于深圳市南山后海中心区东北角、深圳湾15公里滨海休闲带中段的深圳湾体育中心，承接了2011年第26届世界大学生夏季运动会。在前期规划就考虑到赛后的高效运营，定位建设规划一个以体育场、体育馆、游泳馆“一场两馆”为主体，以大运会举行为契机，以大型赛事为依托，以全民健身为重点，集体育比赛、运动训练、全民健身、会展博览、商贸购物、文艺汇演、休闲娱乐、旅游观光于一体的体育中心。建成后，成功举办了运动会并且在赛后得到了高效利用，到目前为止，该体育中心成功地实施了全民健身计划，承接着各种活动。

11.1.3 体育场馆定位思考及应用理论

就体育场馆的建设目标而言，有竞赛需要和运营需要两种定位。从总体上看，中国体育产业发展历史并不太长，所以体育场馆的建造经验也不是那么丰富，设计建造专业体育场馆的公司也不多，在过去的体育场馆设计建设过程中缺乏对体育场馆全周期的设计，而更多的只是考虑到了赛事的需求，导致体育场馆赛时赛事举办精彩，赛后经营管理不善的现象。

那么，体育场馆的定位是满足举办竞赛需要，还是后期运营的需要？其实两者在定位上并不冲突。赛事是体育场馆运营的一个项目、一个内容。体育场馆建设应以后期运营为目标。场馆建设需要运用“以终为始”的倒推理论。充分考虑到体育场馆建设的最终目标，以最终目标向前反推体育场馆的规划设计建设方案，以此为设计目标，建成后的体育场馆就不会是“残疾儿”了！

应用案例

11.2 体育场馆建设原则

11.2.1 实用性

实用性是指体育场馆设计建造时，以满足实际需求为目标来设计建设场馆，这是场馆建设的基本原则。体育场馆是满足群众观看比赛、举办活动、娱乐、休闲的场所，场馆建设的目的是服务于人，任何设计都要以满足人的需要为前提，坚持“以人为本”，追求高效实用价值。实用性要考虑方方面面。例如，健身训练馆不需要过多的座席，要求宽阔的训练空间；竞赛场馆不仅有健全人观赛，也有残疾人观赛，场馆要建设残疾人观看区等。场馆设计建造坚持实用性，既能够节约资源，又能增加百姓的认同感，提高场馆使用效率。

11.2.2 多功能

多功能是指在场馆设计建造时，将多种体育项目或除体育项目外的其他功能，如商业配套设施，全部融入体育场馆的运营之中，形成功能齐全的体育服务综合体。多功能设计的体育场馆与日益增长的百姓物质需求相吻合，能够吸引有不同需求的百姓来场馆消费，同时拓宽场馆的经营渠道，激活体育场馆外延价值，从而增加场馆的经营收入。多功能的体育场馆是高效运营的途径之一。

11.2.3 集约化

集约化是指建造体育场馆时，以合理的资源投入来建造“健康”体育场馆。体育场馆建设工程巨大，投入资源较多，不加节制地投入会消耗大量的资源。如果能够集中、合理配置现有人力、物力、财力资源，争取将每一份资源用到最恰当的地方，杜绝不必要的资源消耗，将会节约较多可用资源。集约化是减少场馆建设成本行之有效的方法之一。

11.2.4 生态化

体育场馆建设要保证生态平衡，在不触动自然生态基本平衡的情况下，充分利用自然资源，建设一座“健康”体育场馆。国际奥委会前主席萨马兰奇也曾指出：“在选定奥运会举办城市时，我们优先考虑计划建设的体育设施在生态环境方面的影响。”体育场馆的建设极大地影响着城市的生态环境，使用环保、绿色材料建设体育场馆，对城市生态起着积极的作用。

11.2.5 节能化

体育场馆建设节能化是指在场馆的设计、建造过程中，执行建筑节能的标准和政策，采用新型建筑材料、建筑节能新工艺、新技术等减少供热、采暖、照明、空调、热水供应等系统的能源消耗。例如，体育馆可以将照明灯设计为多开关控制，在进行日常活动时，只需要点亮少数灯即可。在水资源的使用方面，场馆可以收集雨水进行滤后利用等。体育场馆作为大型建筑，在节能方面需要引起全社会的高度重视。目前国内大部分体育场馆建筑节能效率很低，原因正是新能源、新产品、节能新技术的推广过于缓慢。体育场馆的建设、运营需要大量的资源利用，这也要求体育场馆的设计建设者自身要具备强烈的节约意识。

11.3 体育场馆建设考虑因素

11.3.1 政府扶持

“健康”体育场馆的建设利国利民，一方面，可以促进全民健身计划的开展，增强群众体魄，丰富群众生活；另一方面，场馆的经济带动作用，能够快速提高场馆周边的经济发展水平。“健康”体育场馆的建设符合国家民生、经济建设，因此，国家对于各地场馆的建设一直予以很大的支持，如在北京、上海、广州等发达城市，政府给予政策支持，在甘肃、新疆、西藏等经济相对欠发达的省、自治区，政府不仅给予政策上的支持，还会在经济上给予巨大扶持。

“健康”体育场馆的建设是一个大项目工程，需要投入巨大的资源与精力，同时也要具备各种建设通行证。仅靠社会力量建设场馆，会遇到许多的问题。而在政府的支持下，场馆建设可以得到一定的资源供给和建设保障，减少场馆建设的困难。总之，政府的扶持对于“健康”体育场馆的建设有着巨大的推动作用，场馆建设时一定要将政府的扶持因素考虑在内。

11.3.2 选址

体育场馆建设依赖于城市的整体发展，同时也影响着城市的整体发展，是提升城市功能的重要内容之一。体育场馆选址，是一项系统、复杂的工程，不仅要考虑规划方面的因素，还要考虑经济、政治、文化、社会、生态、交通、产业发展、基础设施建设等方面的因素。只有综合考虑了上述因素，选定的体育场馆地理位置，才具备可操作性、实施性及良好的经济效益性，建成后才能充分发挥它的服务、带动、虹吸和辐射等功能。

11.3.2.1 城市发展方向

城市中心的发展方向是不断变迁的，每个城市都有各自的发展迁移方向和经济建设重点区域，将体育场馆建设在城市重点发展的方向上，对于体育场馆的运营有着极大的好处。例如，广州天河体育中心建设在一处荒废的机场，周围相当荒凉，但是顺应经济流动的方向，如今场馆周边已经成为城市经济发展的重要区域。

11.3.2.2 交通便利

体育场馆要选在交通发达的地区。体育场馆是群众休闲、娱乐、健身的地方，是为了满足群众的体育需求建设的，体育场馆的所在地交通便利，才能方便群众随时到达体育场馆进行消费娱乐。交通不发达地区不利于群众的出行，会大大降低体育场馆的运营效果。

11.3.2.3 土地价值

体育场馆具有带动周围经济发展的积极作用，尤其是场馆周围的土地价值，伴随着场馆的建设会得到一定的升值。在土地价值较低的区域，可以借助场馆建设带动区域房地产经济的快速发展，给当地经济发展注入新动力。但是，在土地价值较高的区域这种现象不但不明显，还有可能因场馆占用较多高价值土地，限制当地房地产经济等的发展。因此，场馆的选址一般建议选在土地价格相对较低的区域。

11.3.2.4 消费水平

体育场馆的建设应该考虑当地居民的消费水平。体育场馆建成后必然会提供种类丰富的服务项目来维持场馆的运营，如赛事演出、休闲娱乐项目、体育健身、体育培训等，服务项目的运营需要一定的消费支撑，因此体育场馆的建设需考虑周边消费水平。

11.3.2.5 区域环境

体育场馆选址要远离工业区、军事区，尽可能地选址于居民区、商业区与教学区。体育场馆的高效运营要求有足够的顾客进入体育场馆，在居民区、商业区和教学区一般人员聚集度较高，合理营销的状况下，可以吸引较多人员进入体育场馆。场馆周围如果有工业区，必然会对周围的环境造成一定影响，尤其是空气质量的下降，会严重影响场馆人群的呼吸环境。选址于军事区会影响军事行动。

11.3.3 规模

体育场馆的规模选择应符合当地的具体实际状况，切不可完全照搬，效仿其他地方的场馆设计建设方案。场馆建设规模要根据当地的人口数量、消费水平等要素，选择相应规模的体育场馆。体育场馆的建设规模在我国有相应的标准文件，场馆设计建设时，规模选择可参考 JGJ31—2003《体育建筑设计规范》。

11.3.4 疏密度

体育场馆的建设不能过于集中，应分散建设体育场馆。一方面，正如前面所述，体育场馆有带动经济发展的作用，要将体育场馆分散建设在地区各处，最大限度地带动各地经济的发展。另一方面，体育场馆的规模一般较大，且有区域性，仅仅靠周围的居民消费很难满足体育场馆群的经营需求。综合考虑，场馆建设分散布局更适合场馆运营及发挥其经济带动作用。

应用案例

11.4 体育场馆建设风险的管理

体育场馆建设风险管理是指体育场馆建设机构在体育场馆建设阶段对于造成人身事故、材料选择不合理、建设行为不规范、不遵守正常建设要求等的风险的控制，以期在安全、合理的基础上，建设合格的体育场馆的行为活动。

11.4.1 体育场馆建设风险管理流程

在体育场馆建设风险管理过程中，应遵循四个环节进行风险防范。首先，通过确认风险因素、整合分析风险因素、推导风险项和建立风险清单等方法对场馆建设做进一步的风险识别。

其次，分别对各种风险进行风险衡量和比较，以确定各种风险的相对重要性。这个阶段考虑风险发生的频率或发生的次数和风险发生造成损失的严重性。根据对质与量的分析，风险的严重性和其发生的频率或次数都很重要，但相对而言，风险严重程度似乎比风险次数更加应该受到关注。例如体育场馆在建造的过程中，总有施工错误的事件发生，一直可以修修改改，但是如果整体建筑都发生根本性问题，无论场馆如何建造，最后都达不到标准。在考虑场馆建设风险排序时应优先考虑严重程度。体育场馆在建造过程中，存在各种不确定性，只有对风险因素进行仔细分析，确定各风险的严重程度和发生频率，把严重程度进行由强到弱的排列，才能从全局降低风险。

最后进入场馆建设中关键的一个环节——风险控制，在风险控制中需考虑以下内容：

11.4.1.1 拒绝承担风险

用战略眼光看待问题，要学会舍小避大。在体育场馆建设工程中，有时要学会拒绝风险，采取这种手段就需要作出一些必要的牺牲，但较之承担后期的风险，这些牺牲比风险真正发生时可能造成的损失要小得多，甚至微不足道。例如体育场馆选址在人员稀少的地方建设，当投资人意识到在场馆建成后可能闲置时，别无其他应对措施，只好放弃该体育场馆。尽管在准备阶段耗费了大量投资资金，但与其场馆建成后闲置，不如及早改弦易辙，另谋理想的场馆地点。这种破财消灾的办法在国际事务中也是常见的。

11.4.1.2 转包工程

转包工程是躲避风险的有效手段之一。在体育场馆建设过程中，投资方并不建议承包商对部分工程项目进行转包。有些时候承包商在建设过程中为了避免自身劣势带来的风险，会采取转嫁风险的办法。有些项目对于某些承包商可能风险较大，但对于另一些承包商则并不一定有风险。因为不同的承包商具有不同的优势。例如一家体育场馆建设公司，其优势在于体育场馆馆体的建设，对于防水工程有一定劣势，该承包商经过分析比较，决定将防水工程转包给另一家防水工程较好的公司，只留下部分任务自己完成，从而转移了风险，而这一风险对于承接转包任务的承包商则不再是风险，因为他具有足够的优势承接这项任务。

11.4.1.3 分离风险

分离风险是指将各风险单位分离间隔，以避免发生连锁反应或互相牵连。就像人们常说的“不要将鸡蛋放在一个篮子里”，分离风险能够将风险限制在一定范围内，减少场馆风险损失。在体育场馆施工过程中，承包商对材料进行分隔存放。因为分隔存放无疑分离了风险单位。各个风险单位不会具有同样的风险源，而且各自的风险源也不会互相影响。这样就可以避免材料集中于一处时可能遭受同样的损失。

11.4.1.4 预防损失

预防损失是指建造者采取各种合理有效措施以降低或避免损失发生的可能。例如，场馆建造者通过运用新材料和改变建筑用料以防止材料消耗和用料不当造成的倒塌；通过加强思想安全教育和强化安全措施，减少事故发生的可能；通过配备安全设备避免人员受伤等。还有在建设时，场馆业主要求承包商出具各种保函就是为了防止承包商不履约或履约不力；而承包商要求在合同条款中赋予其索赔权利也是为了防止业主违约或发生种种不测事件。

11.4.1.5 减少损失

当风险不能消除或者难以承受，又必须保留时，只能采取减少损失的策略，在一定程度上降低损失，使损失控制在可接受范围内。例如，场馆在建设过程中某些结构出现质量问题，承包商不可能将建筑完全拆除重新建造。在此情况下，只能对建筑进行质量检测，将不合格部分进行拆除重建。

11.4.1.6 风险自留

风险自留即将一些发生概率小、严重程度低的风险留给自己承担，不予转移。在这种情况下，场馆建设者一般都提前做好了应急预案，或是风险发生不会影响工程的建造。例如场馆在建造过程中部分员工请假带来的风险，一个员工并不会影响整个工程的进度。

11.4.1.7 风险分散

风险分散是通过增加风险单位以减轻总体风险的压力，达到共同分摊集体风险的目的。例如场馆建设承包商其自身力量有限，难以在合同期内完成建设目标时，为了在规定的时期内完成体育场馆建设任务，只能与其他承包商进行合作。

应用案例

11.4.2 体育场馆建设风险内容

体育场馆建设风险内容如表 11-1 所示。

表 11-1 体育场馆建设风险内容

风险目录	具有典型性风险内容
不可预见损失	地震、火灾、洪水、狂风、闪电、塌方
有形的损失	设施设备损坏、结构破坏、员工伤亡、材料设备发生火灾或被盗窃
财务和经济	供应服务商的财务风险、汇率的浮动、通货膨胀
政治和环境	法律和法规的变化、战争和内乱、注册和审批、污染和安全规则
设计问题	设计内容缺失、错误、标准不严格
与施工有关的	施工不规范、劳务争端和纠纷、恶劣天气、不同的现场条件、工作失误

11.5 体育场馆设计建造的突出问题

11.5.1 体育场馆内部空间规划缺少对赛后运营的思考

体育场馆的建设在空间规划上一直沿袭着满足竞赛需要，建成的体育场馆在空间上符合竞赛的需要，也成功地完成了赛事要求任务，但是，场馆空间架构在赛后的运营方面却屡屡碰壁，不适合运营的空间问题常常出现。

以竞赛为目标设计的体育场馆内部空间架构，从根本上限制了体育场馆赛后运营的发展，体育场馆运营者接手后，大多只能按照现有的场馆内部空间架构设计经营方案，给运营造成极大的局限性。如果场馆在设计之初就考虑到赛后的运营，例如以移动座椅代替一部分固定座椅，多一些预留空间，场馆在空间构架方面将不会阻碍赛后运营。

11.5.2 体育场馆选址及规模与当地现实不符

体育场馆的选址及规模要符合当地的现实状况。场馆的设计要考虑到先前提到的选址与规模因素，对各个因素进行合理论证，关键是赛后分析。当地经济发展水平低，人口数量少，建一座大型体育中心或许可以完成一些大型赛事任务，但是群众的消费水平却很难维持场馆正常运营。场馆建设应尽可能地切合当地经济、政治、文化的实际发展，要实事求是，在具体调查论证的基础上，建造适合当地规模的场馆，才能避免闲置，有效推广全民健身，带动经济增长。

11.6 体育场馆建设实招

11.6.1 BIM使用是场馆建设大势所趋

建筑信息模型（building information modeling，BIM）或者建筑信息管理（building information management，BIM）是以建筑工程项目的各项相关信息数据作为基础，建立起三维的建筑模型，通过数字信息仿真模拟建筑物所具有的真实信息。它具有信息完备性、信息关联性、信息一致性、可视化、协调性、模拟性、优化性和可出图性八大特点。在整个模型的设计过程中，建筑师起到统领整个设计过程的作用。

建成的BIM除了具备整个建筑的全部信息，在施工阶段有关建筑立面板材加工和定位都可以在此信息模型中进行修改，大大节约了现场加工的人力与物力成本。体育场馆建设运用BIM可以在虚拟中分析体育场馆的运营，可以对体育场馆进行能源分析，进而实现节能、建设环境友好型体育场馆的设计目标。BIM在场馆建设的运用将是体育场馆建设的大势所趋。

11.6.2 体育场馆运营者参与体育场馆设计建造是明智之举

体育场馆运营者能够参与设计建设体育场馆将是场馆建设的高明之举。一直以来，体育场馆设计者和运营者很少共同参与体育场馆设计，体育场馆的整体项目由一个个孤立的阶段任务构成，执行者相互之间没有有效、合理的沟通，内部人员的知识结构也几乎没有专业交叉，从而导致在体育场馆建成后其设计思路不符合运营者的需求，出现场馆大面积重新改造、拆除的现象。

因此，体育场馆运营者应该积极参与体育场馆设计建设，这有利于体育场馆的日后合理运营。例如，某地区球迷文化比较浓厚，比赛中球迷常常跑进比赛区干扰比赛正常进行。针对这样的问题，场馆运营者可以建议场馆设计建设者在看台第一层建设护栏，这样在一定程度上有效控制了干扰比赛进行的问题。运营者应加入场馆设计建设团队，并且在设计阶段就合理探讨赛后利用的运营方案，然后同场馆设计者共同讨论，设计出"健康"体育场馆，这样在体育场馆建成后才可以按照运营者思路开展运营，从根本上解决体育场馆建成后不符合运营要求的问题。

11.6.3 准确清晰的定位是体育场馆建造目标的关键

体育场馆的建设不仅是为了完成某一次大型比赛，也不仅是为了完成某一任务，体育场馆建设的根本目标是合理运营，大力开展全民健身计划。当前，我国有部分体育场馆设计目标已开始定位于赛后合理运营或开展全民健身计划，场馆建成后，取得很好的运营成果。但也有部分场馆建造目标定位不清晰，如部分体育场馆为举办比赛设计了众多固定座位，以此满足比赛吸引大量观众的要求。但是在赛后的运营中发现，体育馆观众的数量严重减少，最多时不足座位数的2/3，有1/3的座位几乎无人入座，造成极大的资源浪费。体育场馆设计者如果先前能够考虑到此种状况，将1/3的座位设计成可拆装座位，在赛事后拆除，改造成其他活动场所，不仅可以增加运营面积，还能减少资源浪费。例如，首都体育学院大学生体育馆将二层座位设计成可移动座椅，在日常运营时作为羽毛球场地租赁，比赛时还原成座位席，充分利用了空间，且增加了收入。

11.6.4 搭建可拆装体育场馆是场馆建设的一大创举

搭建可拆装体育场馆可以说是场馆建设史上的一大创举，在很大程度上解决了场馆规模过大的问题。体育场馆赛后运营的需求规模有限，难以像奥运会期间一样有巨大的需求，但是为了举办赛事有些设施设备又不得不建设，因此在运动会后造成大量闲置和浪费。设计建设可拆装移动体育场馆是解决这类问题的有效方法，在需要时临时搭建起来，不需要时可拆除，还可以重复利用，不仅减少了投资，还避免了资源浪费、空间闲置。

应用案例

11.6.5 使用新技术是创新体育场馆建设发展的时代主流

随着科技的发展，越来越多的新技术被创造出来，使用新技术是时代主流，也是体育场馆建设发展的主流。体育场馆建设应该不断地学习使用新技术，不断地改革传统的建设运营模式，用最新的技术解决体育场馆难以高效利用的问题。科技的发展不仅带动了产业的发展，而且给体育场馆带来了新的活力。体育场馆设计者要敢于利用新技术，突破传统

应用案例

思维的束缚，走“健康”体育场馆道路。

11.6.6 专项检测是决定“健康”体育场馆的重要环节

照明和音响是体育场馆最为关键的设施设备。体育场馆的照明和音响质量对于运动员比赛、观众观看和电视转播的影响不言而喻，甚至可以决定整个比赛成功与否。而在实际使用过程中，由于产品、设计以及施工等诸多因素，众多场馆的照明和音响质量无法满足相关标准要求，从而严重影响了体育场馆的运行和管理。所以，体育场馆的照明、音响检测无疑是保障体育场馆设施设备质量的重要手段。

相较于传统结构、机电施工，体育场馆照明、音响具有较强的专业性，一般的建筑施工监理单位很难对专业的照明、音响设备准确把控。总结 2010 年广州亚运会、2008 年北京奥运会、2001 年北京大运会等综合运动会的经验，虽然项目设计、建造以及监理单位均具有较高的业务水平和成熟的管理经验，但仍有约 70%以上的场馆需要第三方专业机构检测以及调试后，才能真正达到原设计效果。因此，需要专业的第三方质量验收机构参与，以确保体育场馆设施设备工程质量达到承接大型体育赛事、活动的要求。

11.6.6.1 体育场馆检测项目及依据

体育场馆的声、光设备检测主要分产品检测和工程检测。产品检测是指对灯具及扩声器材本身的质量问题进行检测，看其是否符合合格标准。设备工程检测是指将产品用于体育场馆中，对产品产生的效果是否符合体育场馆承接大型体育赛事及活动需求的检测。声、光检测应依据一定的标准（表 11-2）。

表 11-2 体育场馆声、光检测项目及依据

检测类别	检验项目	主要检测依据
工程检测	体育场馆照明	① JGJ 153—2016《体育场馆照明设计及检测标准》 ② GB/T 5702—2019《光源显色性评价方法》
	LED 显示屏工程检验	① SJ/T 11406—2009《体育场馆用 LED 显示屏规范》 ② SJ/T 11141—2003《LED 显示屏通用规范》
	体育场馆声学	① GB/T 4959—2011《厅堂扩声特性测量方法》 ② JGJ/T 131—2000《体育馆声学设计及测量规程》
产品检测	照明灯具（包括 LED 灯具）光电性能及电气安全性能检验	① GB/T 9468—2008《灯具分布光度测量的一般要求》 ② GB/T 7002-2008《投光照明灯具光度测试》

11.6.6.2 体育场馆声、光具体检测项目

体育场馆照明仅有亮度是不够的，还要满足其他光学指标；声学也不是能听见声音即可，也有专门的测试指标。体育场馆声、光具体检测项目见表11-3。

表11-3 体育场馆声、光具体检测项目

照明产品	照明工程	LED显示屏	声学工程
光通量	地面水平照度	最大亮度	传输频率特性
光效	主摄像机垂直照度	视角	传声增益
配光	移动摄像机垂直照度	最高对比度	最大声压级
寿命	色温	基色主波长	声场不均匀度
光色	一般显色指数	基色颜色纯度	总噪声
品质（色温、显色性、色容差）	眩光限值（GR）	基色色坐标	混响时间等
可控性	观众席照度	亮度均匀性	
浪涌	应急照明等	白场色坐标等	
功率因数			
电气安全			
抗震等			

大型体育场馆是提供公共体育服务、推动体育事业发展的重要物质基础，对于完善城市功能、推动全民健身、改善民生具有重要作用。体育场馆建设为百年大计，建筑空间设计、空间效益设计同样为百年大计。由于设计过程中未针对赛后运营提出要求，或者需求不明确，体育场馆内部的许多空间只能被含糊地定义为赛后可以改造为办公室、会议厅等，而没有针对具体需求及未来发展制订出切实可行的项目策划，往往建造了一座座“残疾儿”体育场馆，导致在实际运营时无法达到预期目标。

建“健康”体育场馆就是要求它在“出生”之前就能有健全的“基因”。体育场馆在建设之初就要进行详细的赛后利用规划。例如，建设规模是否符合当地实际情况，如何让场馆合理运营，如何推动全民健身计划的实施等。这些问题都考虑周全，我们必然可以建成“健康”体育场馆。

12 智能体育场馆的打造

案例导航

12.1 智能体育场馆与传统体育场馆

目前，我国体育场馆运营效益普遍偏低，经营现状不容乐观，尽管部分体育场馆的营业收入基本能支撑日常运营开销，但是面对巨额场馆维护费用，体育场馆并没有足够的财力。因此，我国大多的传统体育场馆为了维持场馆生计，主要经营以下几个方面：第一，体育场馆的物业租赁，比如出租房屋等；第二，体育健身和体育培训，例如体育场馆场地对外开放经营，办健身厅、各种体育项目俱乐部等；第三，承接一些展销会或者展览展示类的活动；第四，承接一些文艺演出、企事业单位的运动会等。为了养活体育场馆，这些常态的或者临时的经营内容都是必要的。

还有很多的体育场馆因为“体量”庞大很难达到收支平衡，虽然有的体育场馆的场地利用率全年能达到200天以上，但并不见得是盈利的。场馆的经营者也挖空心思在服务模式上强调升级和完善，在经营概念上强调创新，但是唯独没有形成和体育相关的、自有的、可长期开展的赢利模式。所以，以传统经营模式为依托的体育场馆经营一直缺少一个突破口来扭转目前的经营状况。

应用案例

下面我们来看一个成功案例，上海梅赛德斯-奔驰文化中心是如何运营的。

如今，大型体育场馆更趋于多元化、多集合领域发展，与传统的单一场馆相比，多功能场馆将承担多元化服务，以满足消费者的不同需求，这就离不开体育场馆的智能化。

智能体育场馆，将体育产业经营理念与最先进的信息化技术相结合，体现在一系列实际应用中，如身份识别技术、移动互联技术、云计算技术等；同时，智能体育场馆又涵盖了体育场馆经营理念革新、管理人才培养、资源优化、新模式的建立与完善等多方面的内容，是一个多维的立体化的体系架构。智能体育场馆的不断推进与建设，将对国内体育场馆服务品质的提升及体育管理经营模式的转变产生积极、深远的影响。

建设一个高度智能化、集成性的信息化管理系统，是众多体育场馆运营管理者的追求和梦想。借助互联网技术，将场馆管理与信息技术融合，打通业务流程，提高工作效率，提升服务品质，管理更加规范，有效降低人工投入成本，大大提升运营收入。并且通过财务管理系统与经营过程的管理数据无缝连接，最终实现体育场馆内各种服务项目与企业消费资源的信息管理共享，以此全面带动体育产业的可持续发展，这也是智能体育场馆发展的目标。

12.2 何为“智能体育场馆”

第一层面，智能体育场馆框架下的硬件设施的投入。即通过场馆智能系统对整个建筑的建筑自控、安防安保、出入控制、给排水系统、供配电系统、照明系统、电梯系统等各种设备实施自动化监控与管理，保证系统运行的经济性和管理的现代化、信息化和智能化。

但随着技术的不断迭代升级，硬件设施已经不是主战场，于是有了第二个层面，即围绕智能终端及软件升级而衍生的各种服务模式。目前，提及较多的是基于大数据通过轨迹追踪将传统赛事形式智能化，进而将观众及赛事信息数据化。由此而产生的各种蓝图勾勒在我们眼前：对人流量进行追踪分析，考察体育赛事或者文艺演出的吸引力；了解观众在体育场馆中的行动偏好，提升客户体验及体育场馆的综合收益；更新标识系统、广告位的设置；根据体育场馆的繁忙和空闲时段进行能耗控制，达到绿色节能的目的等。

在“智能体育场馆”的建设中，不管是通过增强现实（AR）、虚拟现实（VR）技术创造沉浸式体验感，运用智能机器人解放劳动力，还是通过生物识别系统实现安全管理，都是未来智能体育场馆的发展方向。

12.3 智能体育场馆的需求

随着体育产业的兴起以及政府大力发展全民健身，目前我国体育场馆的建设发展迅速。根据第六次全国体育场地普查数据显示，十年间，我国体育场馆数量增加 84.45 万个，场馆面积增加 6.62 亿平方米，人均场地面积增加到 1.46 平方米。人们对运动健身、休闲娱乐场所的需求越来越迫切，随之而来的问题是如何有效利用资源更好地满足人民需要，使场馆变得更加智能化、人性化，并且推陈出新，结合当下“互联网+”的形态促使体育场馆变得智能。

体育场馆作为体育产业链中最重要的一个环节，更要完善其智能化建设。智能场馆应在做好体育场馆运营、管理和服务的基础上，建设实用服务平台，进行全智能化管理，为市民提供实用、互动、便捷的服务，如车位的显示、免费的无线网络、场馆的温度、空气的湿度、可吸入颗粒物的浓度、灯光的照明度、火灾自动提醒等。

智能化体育场馆还可以包括在线预订与支付、定位导航路径指引、无线网络室内自动定位、室外全球定位系统无缝连接、兴趣目标位置查询搜索、车位查询、泊车服务、好友位置查询、移动社交、非现场用户的 APP 分享、可穿戴设备、体育信息、赛事活动、获取运动处方等。

体育场馆的智能化，不仅是为场馆日后运营提供方便，更是为各种赛事内容的生产、用户体验服务的提高奠定良好的基础。

12.4 打造智能化体育场馆

智能化体育场馆是以数字化为基础，以网络化为条件，以智能化为核心，利用云计算等智能技术对海量信息进行处理和分析，对竞技体育、全民健身、体育场馆及设施、体育装备等各种需求作出智能化响应和决策。全面落实全民健身国家战略，发展体育服务行业，提升体育场馆经营能力，提高场馆经营收入，盘活体育场馆资源，满足人民群众日益增加的体育运动需求，让运动成为市民的健康生活方式。

打造智能化体育场馆主要是对体育场馆智能化改造升级，紧随时代发展步伐，将所有的体育场馆服务均建立在云端，体育场馆方只需使用一台电脑，通过互联网，利用电脑即可以完成体育场馆的智能管理项目。对消费者来讲，可以通过手机等移动端，随时随地了解场馆的开放信息，完成对场馆的预订、余额的动态实时查询、订单的查询等操作，同时消费者也可以使用智能运动手环、一卡通等高科技产品进行便捷消费。对场馆管理者来讲，也不用为了该项系统的建设，再去采购服务器单独的机房；不用为了服务器的日常维护，再去聘请专业的技术人员等，既节省了资金，也减少了许多中间环节。

12.4.1 智能体育场馆系统服务对象

智能体育场馆系统适用于以下几类使用者，并为其提供各自所需的功能（图 12-1）。

（1）体育场馆的管理者或者运营者。智能体育场馆系统提供会员管理、价格策略管理、物流及库存管理、现场及在线预订、现场收费以及运营报表等功能，针对第三方服务的需求，云端系统提供方便的接入，比如团购、微信支付、支付宝支付等。

（2）监管者。系统提供免费或者低收费监管的无缝对接，面向上级管理机构的监管需要，系统提供数据接口，与上级机构对接。

（3）最终用户。对于体育场馆的用户，系统提供 APP 服务、微信公众号交互，也具有在线预订等功能。

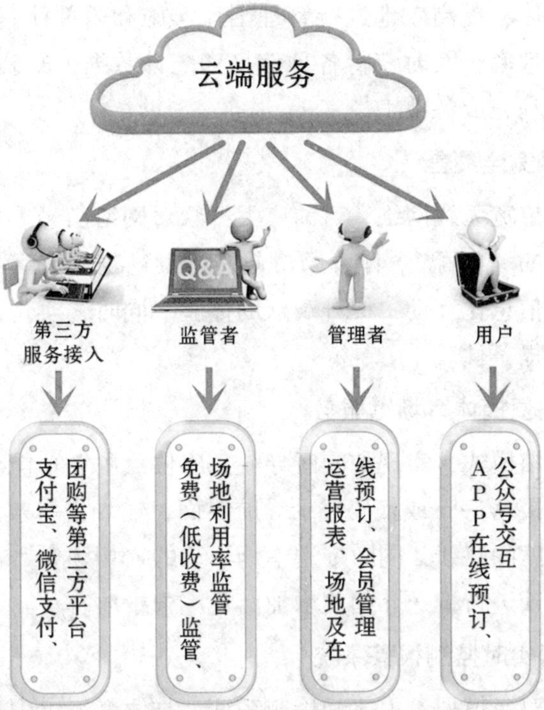

图 12-1 智能体育场馆系统服务示意图

12.4.2 智能体育场馆系统

体育场馆的智能化系统包括以下内容。

12.4.2.1 智能预订管理系统

建立网上预订登记平台，客户可以在网上对体育场馆的基础信息进行了解，并在网上预约活动档期及实勘日期，一键获取预订人员联系方式等。同时建立数据资源库，对咨询的客户资料进行整合记录，逐渐扩大场馆客户资源。

12.4.2.2 体育场馆安全管理系统

体育场馆是短时间内大量人流集散场地，安全是第一要素。体育场馆的无死角监控系统、门禁系统、安防系统、消控系统、车库管理、照明控制、空气质量监控、重要物品（阀门、电闸、网关）监测等与场馆基础安全运营息息相关。利用物联网技术，可将整个场馆的安全领域实现“中枢化”安全建设，统筹管理。

12.4.2.3 先进高效的自动化办公系统

办公自动化系统能够满足体育场馆不同层次的管理者和工作人员高效率处理日常事务的工作需要，提供邮件服务、赛事组织、日程安排、公文发送、个人办公、管理监督等功能。不仅如此，使用先进的内部办公系统，还可以将场馆的预订销售、活动运营、财务管理等内部事务整合成一体，更高效地进行管理工作实施和内部流程化的具体工作。同时，提高各部门之间的协作效率，及时获得各种信息和统计数据，知晓各项工作的进展情况，有效地协助场馆领导顺利完成各项工作。

12.4.2.4 高速带宽全覆盖

场馆内全部覆盖高带宽无线网络。目前广大群众对网络已经形成依赖，网络的全覆盖已经逐渐成为公共场所的“标配”。体育场馆通过建设稳定的数字化网络环境，有助于体育赛事现场开展更多的信息化互动，提升观众的体验。同时，实现高速网络覆盖也是智能化场馆运营的基础和前提条件。

12.4.2.5 智能化便捷体育场馆服务

引入智能化体育场馆模式，实现如园区导航、座位点餐等功能。以园区导航为例，观众进入园区后，即可连接 Wi-Fi 或扫码登录导航界面，输入指引票面信息及座位号，页面将自动生成前往目的座席的路线，同时推送本场活动的入场须知、活动介绍等信息，并且也可以将沿途的商业商铺进行推送介绍，增加商业广告投放。

12.4.2.6 人流量实时监测报警系统

体育场馆内外各主要通道架设人流量检测系统，与体育场馆中央控制室联动。在体育场馆外或场馆内，进场及散场时出现大的人流量聚集情况时，中控室会接到位置报警，并在监控画面上实时出现现场监控画面，可以在第一时间通知安保部门或其他相关人员注意。

12.4.2.7 建立客户信息库

在体育场馆预订系统以及票务中心建立客户信息库，将每一名客户及潜在客户的信息资料记录，以便未来广告营销及活动信息的精准投放。

12.4.2.8 电视转播及评论系统（BTCS）

应用案例

引进国外电视转播评论实时显示系统，增加观众观赛体验，观众在体育场馆内登录此网站，便可以用手机实时查看现场比赛数据统计等即时信息。

12.5 智能体育场馆的特点

12.5.1 体育场馆信息化

对于大型体育场馆，便捷、优质、综合性的服务是体育场馆信息化的必要条件，需要建设如售验票预订管理系统、安全管理系统、办公系统、大数据收集系统、公共广播系统、通信系统、信息导引及发布系统等，而建立这些系统的前提，首先需要无线网络的建设。无线网络接入后，一方面，在为用户提供快速的网络速度的同时，也将场馆的所有人、赛事实况、屏幕、终端都联结起来，通过网络应用的深层次结合，也为观众提供了非常享受的观赛体验。场馆运营方和赞助商则通过全联结的数字平台，提高了运营效率。另一方面，场馆运营者线下可通过此网络技术获取终端的位置，顾客到达预设地点后，其移动 APP 可实时收到此场馆相关营销信息的推送，如优惠活动、场馆服务、赛事预报等。

12.5.2 体育场馆智能化

科技的发展，是大众体育场馆面向未来、发展现代化场景的有力支柱。移动互联网时代，智能手机、VR（AR）设备的兴起，将打通产业链接中各个环节。近年来，VR、AR 相当火爆，在 WMC2016 上相关设备非常抢眼，而 VR 技术与设备可能是未来直播体育赛事、互动的主要方式之一。赛事方可通过相关平台，向所有有需求的观众提供内容丰富的视频。另外，线下体育场馆的人工智能服务、计时系统、智能灯光系统、监控系统等也在不断完善。

摄像头对运动员的技术动作及跑位等影像进行捕捉，接着进行身体健康数据和技术分析，并生成报告；场内屏幕直播和场外网络直播同时进行，并且可以录像回看或进行下载；场内场外实时互动、入场自动检票、无线网络全场陪伴、定位、健康分析等或将成为未来场馆提供的配套服务。

鹰眼技术应用于赛事电视转播和运动员训练，不但可以提高比赛的娱乐性、观赏性，保障赛事的公平性，还可以提升专业运动员的训练效率。据悉，各大技术网站正致力于将此技术应用于全民健身中，可以有效地将初次运动体验者发展为长期爱好者。还可通过当下热门的 AR、VR 技术，实现虚拟化场景或人物呈现，如在不同的运动中呈现不同的运动场景，让运动更有目标感和趣味性，同时注重场馆运动客户体验，为观赛用户带来沉浸式体验观感。国外在此方面的技术更加娴熟，VR 代表性企业 Next VR 在 2015 年已与 Relevent Sports 合作直播了国际冠军杯（ICC）足球比赛，以及在李维斯体育场举办的 Sharks VS Kings 比赛，为用户提供了个性化服务以及丰富的观赛体验。

12.5.3 体育场馆数据化

在体育场馆信息化、智能化的基础上，数据化是体育场馆提供的更高端的服务之一。一方面，体育场馆信息化，利用 Wi-Fi 进行商业分析，识别出用户的线上、线下行为喜好，并进行分类，方便为后续的商业广告活动提供精准输入，进行精准营销。另一方面，健康作为未来大众的主要关注点，体育场馆运营商可通过人工智能与大数据分析得出用户健康报告，对消费者进行健康指导，进一步加大消费者对场馆的黏性。

比赛期间，体育场馆就如同是一个临时组建的小城市，往来人群千姿百态，各种突发事件无法预知。场馆该如何利用数据分析应对突发事件，以及分析各类人群的不同需求以提供更好服务，合理运营场馆？此时就可用到此前提到的体育场馆无线网络覆盖功能，场馆网络中心通过 AP（无线访问接入点）轨迹进行分析，清楚地掌握每个场馆实时人流量以及停留时间等数据，对这些数据进行分析整理并形成相关报告，也可做成数据增值产品，帮助场馆日后更好地经营创收。

12.5.4 体育场馆环保化

体育场馆作为大型公共设施建筑之一，主要用于各类体育赛事活动，既要满足赛事所需的室内温度、湿度、风速、灯光等一系列标准，又要满足室内人员的舒适性要求，耗能无疑是巨大的，因此未来的“智能场馆”更要作出表率，最大限度地降低能耗。

例如，利用热回收技术降低场馆能耗。芬兰冰场的制冷系统进行智能化改造时，对冰场五大能耗系统和标准冰场的能耗进行了转换，他们利用清洁技术对现有制冷机组改造升级，将造冰的制冷系统产生的热能储存，回收利用为场馆提供热水，尽可能地做到节能、环保、低碳。

12.5.5 新技术的应用

12.5.5.1 气膜体育场馆

气膜体育场馆是近年来一种新型体育场馆，它是运用了气膜建筑形态，以特殊的建筑膜材做外壳，配备一套智能化的机电设备在气膜建筑内部提供空气的正压，把建筑主体支撑起来的一种建筑结构系统。

气膜建筑运用到体育场馆中，最大优势是空间大，最大跨度可达 130 米，内部无梁、无柱，可移动；使用专利锚固系统，易拆卸，整个建筑主体易搬迁，可重复利用，其寿命最高可达 30 年。并且在造价上，气膜体育馆的造价比传统体育馆建筑造价更加低廉，约为传统体育场馆造价的 1/2，一年运营成本是传统体育馆的 1/3 左右，资金回报成本约为传统体育场馆的 1/2。在能耗方面，以 4000 平方米的气膜体育馆为例，它一年的电费能耗只有 35 万元左右，是相同面积传统体育场馆一年能耗的 1/3 左右。

12. 5. 5. 2 LED 灯具在体育场馆应用

到目前为止，国内外已有一批新建和改建的体育场馆采用了 LED 照明，特别是训练场馆，如我国的国家体育总局训练场馆、奥体中心训练场馆、工人体育场足球场等，比赛场馆也开始采用 LED 照明，如美国的 NRG 体育场、PNC 体育馆等。预计到 2022 年冬奥会，将会有更多的体育场馆采用 LED 照明。

LED 照明以其耗电量小、颜色品质可调、控制灵活、能瞬时点燃等独有特点，较适用于体育场馆照明。体育场馆要兼顾比赛和电视转播，所以对照明的要求很高，因此，LED 用于体育场馆照明在智能控制系统方面具有绝对优势，一是体育场馆照明需要满足多种开灯模式，二是电视应急照明需要光源能瞬时点燃等。而金属卤化物灯从开灯到达到额定光通量大约需要 20 分钟，如果在比赛进行过程中灯因故熄灭，马上重新开始比赛几乎不太可能。北京奥运会场馆在投入使用前都加上了不间断电源，但这样不仅会大大增加投资，而且还会给使用带来很多不便；又如体育场馆中的安全照明和疏散照明以往都采用卤钨灯，寿命短、光效低、不节能。

此外，现在很多比赛（如网球比赛）在赛间休息时，有时需要把全场灯关掉，只留运动员座位上的灯光。以前是采用在灯上安装启闭装置，若用 LED 灯就可以灵活控制了。还有在体育训练场馆中，运动员可以按需调光，感觉良好。说明 LED 智能控制系统可以在体育场馆中充分发挥作用。

应用案例

12. 5. 5. 3 体育场馆无线网络建设

人多、空间大是体育场馆最典型的特征。每逢有赛事活动，场馆内的移动网络一定会经受严峻的考验。每一场赛事活动都会有相应的媒体报道，当遇到一些大型或跨国赛事时，更是会有数千家中外媒体聚集到一起做内容播报。与此同时，还有成千上万的观众会在现场拍摄图片、精彩片段或短视频，在社交网络上进行图文“直播”，无线网络在观众参与活动中起到至关重要的作用。另外，场馆工作人员的办公用网、场馆自身工作设施用网，无线网络也可以及时解决。

目前，一个新的理念“无线网络+APP+场馆=收入”在美国场馆赞助商和运营商中悄然产生，由无线网络和场内 APP 架起的通道，不再仅仅是信息的渠道，更是交易的渠道。全球已有越来越多的大型体育场部署高密度的场馆无线网络，这些场馆大部分集中在体育经济特别发达的欧洲地区。例如，德国的多特蒙德球队为使球迷能够享受到更便捷的球场服务，有更好的看球体验，在体育场部署了无线网络，俱乐部与球迷实现了更密切的互动，收获了更高的忠诚度。同时，赞助商也可以利用网络更好地进行品牌宣传和精准广告营销。从中不难发现，场馆无线网络的建设促进了球队以及体育场馆运营效率的提升，拓展出新的商机。

12.5.5.4 实时场景控制

体育场馆在举办大型赛事或活动时，会出现许多观众场景，如现场即时场景、现场互动场景、现场消费场景等。当我们面对这么多实时变化的场景时，体育场馆就要具备场景控制的能力，让每一个场景都有存在的价值，可以通过以下三种技术来丰富体育场馆的各种用户场景。首先，虚拟现实技术协助。智能场馆需要安装可转换的虚拟现实技术与设备，使观众在家里实现用虚拟现实设备观看比赛。虚拟现实技术让观众既能看到场内也能看到场外，也就是在观看比赛的同时还能够体验比赛现场气氛，即实现 360°的观看体验。其次，镜头无死角布置。在比赛中，每位运动员都有一台专属的摄像机，通过九宫格视频技术，从九个角度同时收看一场比赛，极大地提高用户的观看体验。最后，随时数据解读。在观看比赛的过程中，观众可以随时调取球队及球员的数据进行对比，同时可以预测之后的比赛状态，再一次实现了用户与比赛的互动。

12.5.5.5 移动 APP

移动端平台是为跟随时代的步伐，满足场馆的消费者随时随地了解场馆信息的需求而诞生的，它主要包含场馆预订、个人账户管理、个人订单管理、场馆收藏管理、场馆会员卡管理等功能，消费者通过移动端可以快速地完成场馆的预订、余额的查询等操作。

12.5.5.6 体育场馆平台

有了体育场馆平台，管理者通过浏览器就可以完成所有的管理操作。体育场馆平台主要包含场馆基础信息管理、场地管理、报价管理、库存管理、会员管理、预订管理、订单管理、报表管理等功能。

12.5.5.7 球员追踪系统

球员追踪系统是一款独立的针对篮球比赛的操作软件，由 6 个摄像头组成，摄像头以 25 次/秒的速度来记录篮球和每名球员的每一次移动，以更好地追踪、记录球员和篮球在球场上的运动轨迹。

12.5.5.8 球员数据分析系统

比赛中需要数据取样时，赛场内会安装 8 部具有热成像功能的高级摄像机，以此来记录比赛的全过程。数据分析系统将摄像机拍下的信息进行分析，如测量球员身体活动、呈现球队球员的二维跑动、完整的个人或球队全员统计数据等。于球队而言，可提供对每个球员的数据创新分析、对体能训练计划的支持改进。于用户而言，可提供详细的数据统计。

12.5.5.9 可移动草坪

标准足球场多由小草坪组装而成，每块小草坪的间距仅有 5 毫米，球员踢球过程中不会感受到缝隙。传统单一草坪往往没有办法承受高强度的连续使用，在球场密集使用时会出现“超负荷”现象。而模块化可移动草坪可以在很短的时间内将草坪绿化，随时更换损伤严重的部分，非常灵活。另外，每块草坪底盘均可通风、排水、升降温等，有利于植草在比赛前、后的生长。模块化可移动草坪将逐渐替代传统单一草坪。

12.5.5.10 球迷信息分析系统

该系统主要作用是收集球迷数据，对球迷喜好进行分析。例如，球迷更喜欢安排在哪些时间段的比赛，更喜欢哪个客队来参加比赛等。球迷信息分析系统可以通过大数据分析得出影响球迷做决定的因素，同时得到更具体、细化的数据，从而更好地更新球迷的消费系统，预测其消费。

“互联网+场馆”新常态下，场馆的建设和运营发展必然要顺应大潮，打造以智能化建设为基础的新兴场馆，这不但是行业发展的必然，而且是当前我国场馆市场业态下突破现有局面的出路。体育场馆智能化建设是一个有始无终的过程，随着体育场馆在不同发展阶段所要解决的问题的不同，随着环境的变化，体育场馆智能化系统的应用也需要不断地优化和深入。

参考文献

[1] 梁影．多项税收政策力推体育产业快速增长[N]．中国税务报,2014-10-31(B07).
[2] 杨信．促进我国体育产业发展的税收政策研究[D]．南京:南京师范大学,2015.
[3] 王颖春．推动体育产业成为经济转型升级重要力量[N]．中国证券报,2014-10-21(A01).
[4] 陈元欣,何凤仙,王健．我国公共体育场馆税费政策研究[J]．天津体育学院学报,2012,27(6):484-486.
[5] 梅昀．论中国的公共文化服务立法:现状、模式与路径[J]．云南大学学报(法学版),2013,26(5):12-17.
[6] 马成国,季浏．上海市公共体育设施建设现状与对策研究[J]．沈阳体育学院学报,2012,31(3):29-33.
[7] 张启彬,马法超．公共体育设施致人损害的法律救济及法律风险防范对策[J]．天津体育学院学报,2015,30(5):407-414.
[8] 肖林鹏．我国体育产业技术政策发展历程、问题与对策[J]．上海体育学院学报,2011,35(6):17-22.
[9] 阮占江．体育场馆破除运营困境需守住法律底线[N]．法治日报,2014-11-28(004).
[10] 廉颖婷．全民健身"落地"关键在简政放权[N]．法治日报,2014-10-22(004).
[11] 谭刚,谭洁．大型体育场馆运营取向分析[J]．体育文化导刊,2015(12):112-117.
[12] 罗恩庆．随行就市差别定价冲刺最高利益[J]．现代营销(经营版),2008(5):42.
[13] 吴建依．论我国公共体育设施特许经营的困境与出路[J]．社会科学研究,2012(6):73-77.
[14] 刘冬梅．美国大型体育场馆经营管理成功经验的案例分析及其对我国的启示[D]．武汉:华中师范大学,2009.
[15] 张耀丹．项目管理在高校节事活动中的应用研究——以重庆文理学院会展节赞助项目为例[D]．成都:电子科技大学,2012.
[16] 周鸣勇．信息时代市场营销模式的思考与创新[J]．北方经贸,2012(8):83-84.
[17] 尤春恩．关于新的营销观念的若干思考[J]．时代金融,2010(6):188-189.
[18] 李长海,关瑞利,李道本,等．北京奥运典型场馆供电系统分析[J]．电气应用,2010,29(7):20-30.
[19] 肖涛．管理建筑施工合同的几点思考[J]．中华建设,2013(8):114-115.
[20] 李波,马新东．"场馆化"——体育竞赛活动组织管理的新模式[C]．第十九届全国高校田径科研论文报告会论文专辑,2009:1-3.
[21] 王烨,温宇红．北京奥运会场馆运行模式与其他赛事运行的比较分析[C]．自主创新与持续增长第十一届中国科协年会论文集(3),2009:2215-2222.
[22] 李晟．北京奥运会独立训练场馆运行机制研究[D]．北京:北京体育大学,2011.
[23] 张东红．大型体育赛事比赛场馆媒体服务研究——以深圳第26届世界大学生运动会游泳馆媒体服

务为例[D]. 北京:首都体育学院,2012.
[24] 许浩,卞悦明,袁昊然,等. 青奥会"场馆化"竞赛管理模式在"一馆多项"场馆群中的运行效果探析[J]. 体育与科学,2015,36(6):35-40.
[25] 韩新君,张建. 高校竞技性体育场馆的规划设计与赛后利用构想——以北京工业大学奥运会羽毛球比赛馆为例[J]. 广州体育学院学报,2007,27(1):29-32.
[26] 林耀阳. 基于大学生行为模式的高校体育馆主空间设计[D]. 广州:华南理工大学,2011.
[27] 钱坤. 高校体育馆平赛结合设计策略研究[D]. 哈尔滨:哈尔滨工业大学,2008.
[28] 邱乾隆. 超大型购物中心 Shopping Mall 功能组织设计[D]. 青岛:青岛理工大学,2010.
[29] 王巍. 济南市奥体中心规划建设理念及运营管理的研究[D]. 济南:山东师范大学,2011.
[30] 付圆圆,王宁,伍孝波. 大型赛事活动的运行设计(之二)——浅谈运行设计中的分区规划[J]. 北京规划建设,2010(5):89-92.
[31] 温阳. 大型体育赛事场馆运行风险识别与评估研究[D]. 上海:上海体育学院,2012.
[32] 宋翔. 全国运动会媒体村组织管理研究——以第十一届全运会媒体村为例[D]. 上海:上海体育学院,2013.
[33] 周泽鹏. 大型体育场馆保供电设计方案[J]. 电工技术,2006(6):31-33.
[34] 张勋勇,邓小宇,程先富,等. 体育馆灯光照明系统解决方案研究[J]. 计算机光盘软件与应用,2012(15):50-51.
[35] 王晓冰. 北京奥运会电视转播照明分析[J]. 演艺设备与科技,2009(S1):44-52.
[36] 庄亮. 苏州市高校体育场馆向社会开放的现状及对策研究[D]. 苏州:苏州大学,2014.
[37] 董俊. 高校体育场馆开放的法律规划[J]. 四川体育科学,2010(3):1-4.
[38] 刘昕,刘静,胡月英,等. 现行中小学体育场馆面向社会开放的模式及其相关政策法规综述[J]. 西安体育学院学报,2011,28(5):530-533.
[39] 浦义俊. 对高校公共体育服务均等化的思考[J]. 南京体育学院学报(自然科学版),2012,11(6):106-109.
[40] 娄金海. 高校体育场馆开发利用的 SWOT 分析与策略选择[J]. 南京体育学院学报(自然科学版),2013,12(5):157-160.
[41] 丁红娜,于善旭,王润,等. 地方立法保障学校体育场馆对外开放的思考[J]. 河北体育学院学报,2014,28(1):22-24.
[42] 张晓健,程丽平,王润,等. 我国学校体育场地对外开放政策分析[J]. 体育文化导刊,2013(5):89-92.
[43] 董颖,温洪泽. 21 世纪中国体育场馆政策法规效用研究[J]. 广州体育学院学报,2014,34(6):40-44.
[44] 郑小凤,张朋,李兴海. 普通高校体育资源社会共享模式创新——苏州大学推行股份化有限责任公司可行性分析[J]. 南京体育学院学报(社会科学版),2013,27(3):56-61.
[45] 霍建新,李芾. 高校体育场馆路在何方? [J]. 环球体育市场,2010(2):20-21.
[46] 刘少川. 从高校体育场馆角度分析间接影响北京大学生体质的因素——以普通综合类大学为例[D]. 北京:首都体育学院,2015.
[47] 郁漪漪. 北京高校体育场馆对学生和社会人员开放调查研究[D]. 北京:首都体育学院,2010.
[48] 霍建新,李芾. 我国高校体育场馆综合利用研究[J]. 天津体育学院学报,2007,22(2):179-181.
[49] 王宏程. 安徽省高校体育场馆对外开放及经营管理现状调查与分析[D]. 芜湖:安徽师范大学,2014.

[50] 李亚莉，刘亚云．管理、安全与物耗：学校体育场馆向社会开放的三大难题［J］．湖南工业大学学报（社会科学版），2010，15（6）：126-129.
[51] 陈曙，黄依柱．我国学校体育场地对外开放与经营管理的研究［J］．长沙大学学报，2011，25（5）：151-152.
[52] 何波．高校体育场馆的开放、运营及其管理的研究［J］．安徽体育科技，2012，33（1）：16-19.
[53] 裴彩利．高校体育场馆设施管理社会化探索［J］．河南理工大学学报（社会科学版），2007，8（4）：462-464.
[54] 赵美芹，位汶军．学校体育物资资源的利用建议［J］．当代体育科技，2013，3（2）：85-87.
[55] 李骁天．我国城市社区与学校体育设施共享的影响因素及模式构建研究［D］．北京：北京体育大学，2009.
[56] 房绍运．安徽省马鞍山市中小学体育设施社会开放状况调查［D］．上海：上海体育学院，2010.
[57] 王茂球．上海市社区体育与学校体育互动发展现状的调查与研究［D］．上海：上海体育学院，2009.
[58] 罗琳宁．中小学校教育空间社区共享研究——汶川地震灾后重建中小学校建成环境评估研究系列之六［D］．成都：西南交通大学，2012.
[59] 郝克勇，陈波，冯红静．对高校体育场馆向社会有偿开放的研究［C］．第十九届全国高校田径科研论文报告会论文专辑，2009：597-600.
[60] 杨铁黎，吴永芳，刘燕华，等．关于建立我国体育服务业质量管理体系的研究——ISO 9000 在体育服务质量管理中的运用［J］．体育科学，2005，25（2）：21-25.
[61] 孙雷鸣．广州市体育服务标准化发展对策研究［J］．西安体育学院学报，2011，28（4）：449-452.
[62] 张颖．我国体育用品品牌竞争力研究［D］．济南：山东大学，2015.
[63] 刘征．我国体育服务业定价依据及其策略研究［J］．沈阳体育学院学报，2012，31（1）：42-45.
[64] 何智强．体育服务认证制度的研究［J］．体育与科学，2012，33（1）：96-99.
[65] 张钊雄．论体育中介市场中第三方服务认证的相关法律问题［J］．西安体育学院学报，2014，31（5）：536-539.
[66] 陈飞飞，陆亨伯，刘遵嘉．公共体育场馆民营化模式政府规制研究［J］．沈阳体育学院学报，2014，33（4）：19-21.
[67] 闫站站．对西安市游泳中心消费者的现状调查研究［D］．西安：西安体育学院，2010.
[68] 叶玮．商业健身俱乐部加盟连锁经营模式研究［D］．北京：北京体育大学，2007.
[69] 黄海峰．大型体育赛事风险管理研究［D］．武汉：武汉体育学院，2009.
[70] 段菊芳．大型体育赛事风险管理［D］．北京：北京体育大学，2004.
[71] 管惠文．我国大型体育赛事风险评估体系构建研究［D］．杭州：浙江工业大学，2012.
[72] 韩继婷，方雪默．世界斯诺克中国公开赛赛事品牌的塑造［C］．2013 全国体育管理科学大会论文集，2013：260-262.